Bernhard Wieser
Michael Rathmayer

Das Beste

von den

BURGENLÄNDISCHEN HOCHZEITSBÄCKERINNEN

P.

Bernhard Wieser
Michael Rathmayer

Das Beste von den BURGENLÄNDISCHEN HOCHZEITSBÄCKERINNEN

Pichler

»BEI JEDER HOCHZEIT GIBT ES NICHT NUR DIE GÄSTE, SONDERN AUCH LEUTE AUS DEM DORF ODER DER UMGEBUNG, DIE DANN EBEN EINFACH SO VORBEISCHAUEN, MANCHMAL AUCH NUR DURCHS FENSTER. UND DA IST ES BRAUCH, DASS AUCH DIE NICHT LEER AUSGEHEN, DIE KRIEGEN DANN AUCH EIN BISSL WAS SÜSSES MIT AUF DEN WEG.«

MARIA KNÖBL

Inhalt

Willkommen in der süßen Welt
der burgenländischen Hochzeitsbäckerei
9

Hochzeitsbäckerei – ein alter Brauch,
neu entdeckt
11

ZUM VERLIEBEN: Krapferl, Keks & Co.
15

ZUM ZUGREIFEN: Gebackenes, Kleingebäck & Pralinen
59

ZUM AUFSCHNEIDEN: Kuchen, Schnitten, Germgebäck
99

ZUM FEIERN: Torten
147

Die Hochzeitsbäckerinnen
177

Kleines Backstubenwörterbuch
187

Rezeptregister
188

»ICH MÖCHTE ANDERE MENSCHEN MIT DEM BACKEN GLÜCKLICH MACHEN, DENN SÜSSES HAT JA AUCH MIT GLÜCKSHORMONEN ZU TUN.«

MICHAELA GERSTL

»ICH KANN AUF SEHR VIELE REZEPTE ZURÜCKGREIFEN, ALTE, ÜBERLIEFERTE WIE AUCH SELBST ERFUNDENE. MANCHE SIND SOGAR NOCH IN KURRENT GESCHRIEBEN ...«

ANDREA SALMHOFER

»DER HOCHZEITSTAG IST JA BEKANNTLICH DER SCHÖNSTE TAG IM LEBEN DES BRAUTPAARS. UND DIE HOCHZEITSBÄCKEREI FÜR UNS BÄCKERINNEN NATÜRLICH EBENSO ETWAS GANZ BESONDERES.«

ANDREA DEUTSCH

Willkommen in der süßen Welt der Burgenländischen Hochzeitsbäckerinnen

Liebe Leserin, lieber Leser!

Wenn sich – wie bei der Serie zu den Burgenländischen Hochzeitsbäckerinnen – eine Idee über drei Ausgaben zu einem solchen Erfolg entwickelt, ist es nur folgerichtig, die Highlights noch einmal Revue passieren zu lassen.

Deshalb haben wir gemeinsam mit dem bewährten Team vom Pichler Verlag noch einmal alle drei Bücher durchforstet und die besten Rezepte ausgewählt, um sie der geneigten Leserschaft in neuem Gewand zu präsentieren. Ergänzt wird die Sammlung durch drei neu entdeckte Bäckerinnen mit jeweils vier Rezepten.

Wir hoffen, dass auch dieses Buch gut bei den vielen kulinarisch veranlagten Menschen ankommen wird, vor allem bei denen, die vielleicht noch keines der ersten drei Hochzeitsbäckerinnen-Bücher zu Hause im Bücherschrank haben.

Die burgenländische Hochzeitsbäckerei hat längst Kultstatus erlangt: Von Kekserln und Krapferln über feines Kleingebäck, Schnitten und Kuchen bis hin zu üppigen Torten sind die Kreationen bei Backneulingen und erfahrenen BäckerInnen gleichermaßen beliebt. Fast 70 abwechslungsreiche, vielfach erprobte Rezepte werden hier erneut versammelt: Mit vielen praktischen Tipps und anschaulichen Fotos zu wichtigen Arbeitsschritten gelingen sie garantiert.

Wir wünschen Ihnen in diesem Sinne viel Vergnügen beim Schmökern und Selberbacken!

Mit süßen Grüßen
Bernhard Wieser & Michael Rathmayer

»AM NETTESTEN IST ES, WENN DIE LEUTE AM MONTAG NACH DER HOCHZEIT ANRUFEN UND SICH NOCH EINMAL BEDANKEN, DAS FREUT EINEN DANN SCHON.«

MARIA BRAUN

Hochzeitsbäckerei – ein alter Brauch, neu entdeckt

Brauchtum hat im Burgenland Tradition. Vor allem im Zusammenhang mit dem Heiraten finden sich in Österreichs östlichstem Bundesland noch viele Bräuche, wie etwa das Blochziehen oder das Federnschleifen, wobei sich oft sogar von Dorf zu Dorf regionale Unterschiede zeigen.

Beim Blochziehen etwa ziehen maskierte Burschen einen Bloch (einen dicken, entasteten und geschmückten Holzstamm) durchs Dorf und parodieren dabei eine Hochzeit. Das Federnschleifen wiederum war einst ein Beitrag zur Aussteuer des Brautpaares. Die Frauen »schliffen« (entkielten) Gänsefedern und füllten damit die Pölster und Tuchenten für das Ehebett, während die Männer nebenan Körbe flochten.

Auch beim Feiern der Hochzeit selber sind viele Rituale noch lebendig, wie das Kranzl-Abtanzen, das Braut-Stehlen oder das Über-den-Tisch-Steigen der Braut, das ihre Jugendlichkeit symbolisieren soll und oft mit derben Scherzen verbunden ist.

Selbstverständlich immer im Mittelpunkt der Feierlichkeiten steht aber – wie könnte es in Österreich anders sein – das reichliche Essen und Trinken. Und hier kommt ein Brauch ins Spiel, der sich noch immer größter Beliebtheit bei Alt und Jung erfreut: das Hochzeitsbacken.

Vor mehr als 100 Jahren zu Zeiten der k. u. k. Monarchie, wohl schon vor 1900, breitete sich der Brauch über Ungarn ins Burgenland aus (das damals noch zu Ungarn gehörte).

Die Hochzeiten wurden anno dazumal ausschließlich zu Hause gefeiert. Bei größeren Festen (100 bis 200 Anwesende) waren 100 Kilogramm Krapferl – burgenländisch für Kekse –, die das Brautpaar an die Gäste beim Verlassen der Feier austeilte, keine Seltenheit.

Dazu wurden allerlei süße Köstlichkeiten in ein Papiersackerl gefüllt. Ganz zu unterst kam ein Gugelhupf, dann Nuss- oder Mohnbeugel, darauf ein paar Krapferl und am Schluss der Hochzeit wurde von der Hochzeitstorte ein Stück frisch heruntergeschnitten und fand ganz obenauf Platz.

Im Laufe der Zeit wurde die »Kundschaft« größer, weil neben den Hochzeitsgästen auch die Leute aus der Umgebung, die »einschauen« (auch »zuschauen« oder »brautschauen« genannt) kamen, ihren »Teil« erhielten. In manchen Orten nennt man die Abschiedsgabe für die Gäste »Bschoadpinkerl« – in Stoff gewickelte Leckereien, die beim Abschied mitgegeben werden. Dieses Pinkerl trug man damals, an den Wanderstock gebunden, auf der Schulter nach Hause. Und wie früher gilt auch heute: Je größer das Bschoadpinkerl, desto lieber erinnert man sich an die Hochzeit.

Um eine so große Menge an zuckersüßen »Abschiedsgeschenken« backen zu können, kam meist die ganze weibliche Verwandtschaft zusammen. Zusätzlich holte man sich bald eine sogenannte Hochzeitsbäckerin ins Haus: eine erfahrene Köchin und Bäckerin, die über Tage oder oft sogar Wochen die backenden Tanten, Cousinen, Omas und Schwägerinnen »dirigierte«. So rührte die eine den Teig, während die nächste die Kekse ausstach, wieder eine andere Frau diese nach dem Backen zusammensetzte und eine weitere sie kunstvoll verzierte – je nach den persönlichen Fertigkeiten. Denn die Bäckereien mussten nicht nur herrlich schmecken, sondern natürlich auch optisch beeindrucken.

Nach dem Zweiten Weltkrieg begannen die ersten Frauen, diese ihre Berufung zu einem Beruf zu machen und für ihre Dienste auch Geld zu verlangen. Sie zogen von Hochzeit zu Hochzeit und hatten eine Vielzahl an wunderbaren Rezepten in ihrem Repertoire. In einigen Haushalten lernten sie darüber hinaus auch noch neue Geheimnisse aus der süßen Mehlspeisküche kennen, weil sich damals etliche Frauen in »höheren Häusern« zum Beispiel in Wien verdingten, wo sie als Köchinnen arbeiteten.

In der Zeit um 1965 verlagerte sich das Feiern der Trauung zunehmend vom Haus der Braut oder des Bräutigams in Gasthäuser oder einen öffentlichen Saal im Dorf. Nun war nicht nur die Hochzeitsbäckerin gefragt, sondern auch eine Hochzeitsköchin. An diesem besonderen Tag sollte es niemandem an etwas fehlen – ist das leibliche Wohl in Österreich doch traditionell eine der wichtigsten Komponenten bei Festen aller Art.

Darüber hinaus nahmen im Zuge der beginnenden Emanzipation seit Ende der Sechziger-, Anfang der Siebzigerjahre mehr Frauen einen Beruf an und hatten daher kaum noch Zeit, selber zu backen. Und so entwickelte sich die neue Profession der »Burgenländischen Hochzeitsbäckerin«, die in diesem speziellen Bundesland sogar ein eigenes Gewerbe darstellt.

Dieses umfasst nicht ganz so viele Möglichkeiten wie jenes von Konditorinnen, aber darum geht es den meisten Hochzeitsbäckerinnen sowieso nicht: Gelernt haben sie das Backen ohnehin in 99 Prozent der Fälle von Kindesbeinen an. Vom Gugelhupf in der Sandkiste bis zu den ersten Keksversuchen mit Mama, Oma oder Tante. Heutzutage übernehmen das Backen fast ausschließlich professionelle Bäckerinnen, die so dazu beitragen, dass eine der schönsten Traditionen des Burgenlands auch in Zukunft weiterleben wird.

Die wichtigsten Zutaten sind und bleiben für diese Damen: Liebe, Leidenschaft und das Verlangen, die Menschen rundherum mit süßen Verlockungen glücklich zu machen.

»DAS ›BSCHOADPINKERL‹ KOMMT JA VON ›BESCHEIDEN‹, ES WAR EINE KLEINE GABE, UND DIE HAT MAN FRÜHER ALS PINKERL AN EINEM STOCK ÜBER DER SCHULTER GETRAGEN.«

ALOISIA BISCHOF

zum verlieben

KRAPFERL, KEKS & CO.

Die süßeste Nebensache bei burgenländischen Hochzeiten sind ohne Zweifel die »Krapferl« – der regionale Begriff für Kekse. In nahezu unendlichen Formen, Farben und Varianten gibt es die Miniatur-Mehlspeisen, einfach zu backen und mundgerecht aufbereitet auf Tellern und Platten. Auch bei den Zutaten zeigt sich immer wieder die anscheinend unendliche Fantasie der Bäckerinnen. Und schließlich finden sich selbst Hinweise auf den geografischen Ursprung des Brauchtums in klingenden Namen wie »Ungarische Nusskrapferl« oder »Tokajerkipferl«.

Weinkrapferl

ZUTATEN

TEIGMASSE

300 g glattes Weizenmehl
250 g Butter
2 Eidotter
5 EL Weißwein

FÜLLE

100 g Butter
100 g Kristallzucker
1 Eidotter
2 EL Eierlikör

ZUBEREITUNG

- Alle Zutaten von Hand zu einem Teig kneten, diesen dünn (ca. 2 mm) auswalken und Kekse ausstechen - eine Hälfte voll, eine Hälfte mit Loch (z. B. Blumen). Bei 200 °C (Ober-/Unterhitze) ca. 6-8 Minuten backen.

- Für die Fülle Butter, Zucker und Dotter schaumig rühren, Eierlikör langsam einrühren.

- Jeweils den unteren Teil mit der Fülle bestreichen, eventuell mittig noch ein kleines zusätzliches Tupferl machen. Dann beide Teile zusammenkleben.

Wein ist ein Backtriebmittel, d. h. der Teig geht dadurch mehr auf. Statt Butter können Sie übrigens auch die gleiche Menge Margarine nehmen. Diese ist weniger schwer und fett.

Ungarische Nusskrapferl

ZUTATEN

TEIGMASSE

400 g glattes Weizenmehl
2 EL Staubzucker
2–3 EL Milch
3 Dotter
250 g Butter
20 g Germ

FÜLLE

3 Eiklar
250 g Kristallzucker
100 g geriebene Nüsse

DEKO

1 Ei (zum Bestreichen)
Staubzucker

ZUBEREITUNG

- Alle Teigzutaten zusammenmixen.

- Für die Fülle Eiklar mit dem Zucker zu Schnee schlagen.

- Für jedes Nusskrapferl einen kleinen Teil vom Teig herunterschneiden, mit den Handflächen eine dünne Wurst formen und dann (ca. 3 mm) auswalken.
- Mit der Teigkarte Eischnee auf den Teig streichen, mit Nüssen bestreuen. Beide Seiten einschlagen und mit verquirltem Ei bestreichen.
- Krapferl mit einem runden Ausstecher ausstechen, auf ein mit Backpapier ausgelegtes Backblech legen und bei 160 °C (Heißluft) ca. 12 Minuten backen, bis sie hellbraun sind.

- Noch heiß mit Staubzucker bestreuen.

Feigenkrapferl

ZUTATEN

TEIG
2 Eier
1 Dotter
100 g Schokolade
250 g Staubzucker
250 g geriebene Nüsse
60 g Feigen
60 g Rosinen
2–3 EL glattes Weizenmehl

DEKO
Kristallzucker
Ribiselmarmelade

ZUBEREITUNG

- Feigen und Rosinen klein schneiden. Eier, Dotter und Staubzucker schaumig rühren. Schokolade im Wasserbad schmelzen und unterheben. Restliche Teigzutaten beimengen, 30 Minuten rasten lassen.
- Kleine Kugeln formen, in Kristallzucker wälzen, auf ein Backblech legen. (Achtung: Die Krapferl verdoppeln beim Backen ihre Größe.) In der Mitte mit einem Kochlöffelstiel eine Vertiefung machen.
- Im vorgeheizten Heißluftherd bei 150 °C (Ober-/Unterhitze 180 °C) ca. 10 Minuten backen. Wenn man ein Krapferl vom Blech nimmt und es nicht mehr weich ist, ist es fertig gebacken.
- In die Vertiefung einen Tupfen Ribiselmarmelade geben (evtl. mit einem Dressiersack). Trocknen lassen.

Die Krapferl sind zunächst etwas hart. Zusammen mit anderen Sorten aufgehoben, werden sie mürbe.

MARIA KUMMER

Schmerkrapferl

ZUTATEN

SCHMERSTÜCK

560 g Schmer
280 g glattes Weizenmehl

TEIG

280 g glattes Weizenmehl
$^1/_8$ l lauwarmes Wasser
1 Ei (oder 2 Dotter)
1 gestr. TL Salz

Wasser bzw. 1 Ei
Powidlmarmelade

DEKO

1 Prise Zimt
Kristallzucker

ZUBEREITUNG

- Schmer faschieren und mit dem Mehl vermengen. Zu einem Quadrat formen und kühl stellen.
- Inzwischen den Strudelteig herstellen: Dazu Mehl, Wasser, Ei und Salz mit dem Knethaken im Mixer gut durchkneten. Ca. 30 Minuten rasten lassen.
- Teig zu einem Quadrat auswalken (etwas größer als das Schmerstück) und Schmer darauflegen. Teig wie ein Kuvert über das Schmerstück falten (Foto) und vorsichtig mit einem Nudelholz flach klopfen. Dann in 4 Teilen übereinanderfalten und abermals klopfen. Anschließend das Teigstück in 3 gleich große Teile falten, noch einmal klopfen. Wieder 3 Mal falten und kühl, am besten über Nacht, rasten lassen.

- Am nächsten Tag Schmerteig auf der Arbeitsfläche auswalken (ca. 2,5–3 mm dick). Vierecke schneiden (ca. 6 x 6 cm) und mit Wasser oder verquirltem Ei bestreichen. In die Mitte einen Tupfen Powidlmarmelade setzen. Zu einem Dreieck zusammenklappen. Ränder mit einer Gabel zusammendrücken.
- Auf ein mit Backpapier ausgelegtes Blech legen und im vorgeheizten Backrohr bei 170 °C (Umluft) ca. 15–20 Minuten backen. Die noch warmen Schmerkrapferl mit einer Zimt-Zucker-Mischung bestreuen.

»Schmer« ist das Fett, das in der Nähe der Rippen und Nieren des Schweins abgelagert ist. Es wurde früher häufig anstelle von Butter verwendet. Ein Schmerteig gleicht im Prinzip einem Blätterteig.

Je länger man den Teig »schlägt«, desto geschmeidiger wird er. Sobald er sich leicht vom Rand der Schüssel löst, ist er fertig.

»BEI UNS HEISST DAS KRAPFERL, DAS KLEINE GEBÄCK, DAS MAN SELBER BÄCKT. KEKS WAREN BEI UNS IMMER DIE GEKAUFTEN.«

DANIELA SCHNEIDER

»ICH VERBINDE MIT WEIHNACHTEN EINE ZEIT DER RUHE. SCHNEE. WINTER. UND NATÜRLICH AUCH DIE WEIHNACHTSBÄCKEREI.«

SNEZANA MAHR

Kaffeekrapferl

ZUTATEN

TEIG

300 g Butter/Margarine
200 g Staubzucker
1/2 Pkg. Vanillezucker
90 ml Milch
10 g Instantkaffee
1 Ei
400 g glattes Weizenmehl
50 g Stärkemehl
(Kartoffel-/Maisstärke)

DEKO

Erdbeermarmelade
Milchschokolade
etwas Kokosfett

ZUBEREITUNG

- Weiche Butter oder Margarine mit Staub- und Vanillezucker schaumig schlagen. Milch erwärmen und Kaffeepulver darin auflösen. Langsam der Masse beigeben, danach Ei und beide Mehlsorten einrühren.
- Mit einem Dressiersack mit Sterntülle auf ein mit Backpapier belegtes Blech »Tropfen« dressieren. Im vorgeheizten Backrohr bei 180 °C (Ober-/Unterhitze) ca. 12 Minuten hell backen.

- Nach dem Erkalten die Hälfte der Krapferl umdrehen und mit Marmelade bestreichen (oder diese aufdressieren). Mit der anderen Hälfte der Krapferl zusammensetzen.
- Milchschokolade mit etwas Kokosfett im Wasserbad schmelzen und die Spitzen der Tropfen eintunken. Krapferl auf Backpapier legen und Schokolade fest werden lassen.

Tokajerkipferl

ZUTATEN

TEIGMASSE

250 g Butter
300 g glattes Weizenmehl
3 Dotter
1 Pkg. Vanillezucker

GLASUR

250 g Kristallzucker
2 Eiklar
1 Schuss Zitronensaft

FÜLLE

Marmelade (nach Geschmack)

ZUBEREITUNG

- Butter, Mehl, Dotter und Vanillezucker miteinander von Hand durchkneten.
- Anschließend Teig mind. eine Stunde rasten lassen.

- Glasur-Zutaten mit einem Kochlöffel ca. 10 Minuten sämig rühren.

- Teig dünn (ca. 3 mm) auswalken, Glasur dünn aufstreichen und mit einem runden Stecher Kipferl bzw. Monde ausstechen.
- Auf ein mit Backpapier ausgelegtes Backblech setzen und im vorgeheizten Backrohr bei 150 °C (Ober-/Unterhitze) hellbraun backen. Auskühlen lassen.

- Dann die Hälfte der Kipferl bzw. Monde nach Belieben mit Marmelade bestreichen, zum Schluss jeweils zwei Teile zusammenkleben.

Den Keksstecher öfter in warmes Wasser tauchen und gut abtropfen lassen (oder abtupfen), dann bleibt der Teig nicht kleben.

Gespritzte Kipferl

ZUTATEN

150 g Butter
60 g Staubzucker
2 Dotter
200 g glattes Weizenmehl

FÜLLE & DEKO

Marillenmarmelade
Schokoladeglasur

ZUBEREITUNG

- Butter und Staubzucker mixen, die Dotter dazugeben, danach das Mehl, anschließend alles gut vermixen.
- Masse in einen Spritzbeutel füllen und Kipferl auf ein Blech spritzen.
- Bei 160 °C (Heißluft) ca. 12 Minuten backen. Danach auskühlen lassen.

- Marmelade jeweils auf ein Kipferl aufstreichen und dieses dann mit einem zweiten zusammenkleben.

- Zum Abschluss beide Kipferlspitzen in die Schokoglasur tauchen, anschließend auskühlen lassen.

»BEI UNS WAR
ES SO, DASS ES
KEKSE ERST AM
WEIHNACHTSABEND
GEGEBEN HAT, NICHT
WIE HEUTE SCHON
VIER WOCHEN
VORHER ODER BEVOR
NOCH DER ADVENT
ANFÄNGT.«

MARIA KUMMER

»WAS ICH MIT WEIHNACHTEN VERBINDE? FAMILIE – UND KRAPFERL.«

JUDITH KANDELSDORFER

Pistazienkekse

ZUTATEN

TEIG

250 g Margarine
150 g Staubzucker
350 g Weizenmehl (Universal)
3 Dotter
1 Pkg. Vanillezucker

CREME

1/4 l Milch
1 Pkg. Pistazienpudding
100 g Kristallzucker
250 g Butter
25 g Pistazien

GLASUR

dunkle Glasurmasse
(Kuvertüre)

ZUBEREITUNG

- Teigzutaten zu einem Teig zusammenkneten. Masse ca. 2 mm dick ausrollen und Quadrate ausstechen. Auf ein eingefettetes Backblech legen und im vorgeheizten Backrohr bei 180 °C (Ober-/Unterhitze) ca. 13 Minuten backen.

- Für die Creme zuerst Milch erwärmen und mit Puddingpulver und Zucker zu einem Pudding rühren. Auskühlen lassen. Dann die weiche Butter cremig schlagen und den Pudding unterrühren. Abschließend Pistazien klein hacken und einarbeiten.

- Creme in einen Dressiersack füllen und auf die Hälfte der Kekse aufdressieren. Mit dem Rest der Kekse zusammenkleben.
- Zum Dekorieren etwas Kuvertüre in einen Dressiersack (oder ein Papierstanitzel) füllen und die Kekse filieren (mit Schokostreifen verzieren).

ANDREA SALMHOFER

Kürbiskernkekse

ZUTATEN

TEIG

250 g glattes Weizenmehl
110 g Staubzucker
210 g Butter
2 EL Rum
110 g geriebene Kürbiskerne

FÜLLE & DEKO

200 g Nutella
100 g Milchschokolade

ZUBEREITUNG

- Alle Zutaten von Hand zu einem Teig kneten, diesen dünn (ca. 1–2 mm) auswalken.
- Kekse ausstechen (z. B. Vierecke), auf ein mit Backpapier belegtes Backblech setzen und im vorgeheizten Backrohr bei 200 °C (Ober-/ Unterhitze) ca. 4–6 Minuten backen.

- Jeweils zwei Teile mit Nutella zusammenkleben und anschließend mit geschmolzener Milchschokolade nach Belieben glasieren.

ROSWITHA KOLBY

Kürbiskernstangerl

ZUTATEN

MÜRBTEIG

500 g glattes Weizenmehl
300 g Margarine
200 g Staubzucker
1 TL Vanillezucker
1 TL Zitronensaft
4 Dotter

KÜRBISKERNFÜLLE

200 ml Milch
70 g Kristallzucker
1 EL Honig
1 TL Vanillezucker
1 TL Zitronensaft
½ TL Zimt
½ Stamperl Rum
250 g geriebene Kürbiskerne
100 g Brösel

DEKO

Fettglasurmasse (dunkle Schokolade)

ZUBEREITUNG

- Für den Mürbteig alle Zutaten rasch zu einem Teig verkneten. In Frischhaltefolie wickeln und ca. 2 Stunden rasten lassen.
- Für die Kürbiskernfülle Milch, Zucker, Honig und Aromen aufkochen, anschließend restliche Zutaten unterrühren.
- Mürbteig ca. 2 mm dünn auswalken, in 5 x 5 cm große Quadrate schneiden und die Fülle von einer Ecke diagonal zur anderen mit einem Dressiersack (glatte Tülle) aufdressieren. Ecken übereinanderschlagen und zu Stangerln formen.
- Auf ein mit Backpapier belegtes Backblech setzen und im vorgeheizten Backrohr bei 170 °C (Heißluft) ca. 10 Minuten backen.
- Ein paar Minuten auskühlen lassen, mit flüssiger Schokolade »schnürln« (dekorieren).

Marzipanstangerl

ZUTATEN

TEIG

200 g Marzipanrohmasse
220 g glattes Weizenmehl
100 g Butter/Margarine
100 g Staubzucker
1 Ei
1 TL Backpulver
einige Tropfen Bittermandel-Backöl

DEKO

Schokoladeglasur zum Tunken

ZUBEREITUNG

- Für den Teig gekühltes Marzipan mit der Küchenreibe grob reiben, dann mit den übrigen Zutaten zu einem Teig verarbeiten. Teig mind. 2 Stunden (am besten über Nacht) im Kühlschrank rasten lassen.
- Dann aus Teigstücken Rollen formen (Ø ca. 1,5 cm) und 6 cm lange Stangerl abschneiden.
- Auf ein mit Backpapier belegtes Backblech setzen und im vorgeheizten Backrohr bei 180 °C (Ober-/Unterhitze) ca. 10–12 Minuten backen. (Wenn der Boden leicht gebräunt ist, sind die Stangerl fertig.)

- Für die Dekoration Stangerl ca. 30 Minuten auskühlen lassen, dann nach Belieben mit der Schokoglasur verzieren.

Wenn Sie die Stangerl gleichmäßig lang haben wollen, dann können Sie diese z. B. mit einem rechteckigen, glatten Ausstecher mit 6 cm Seitenlänge von den Teigrollen abstechen.

»ES IST GANZ EINFACH:
HAUSGEMACHT, HANDGEMACHT
UND MIT LIEBE GEMACHT!
DARAUS MACHE ICH KEIN
GEHEIMNIS.«
CHRISTINE THELL

Linzer Augen

ZUTATEN

TEIG

140 g Butter
70 g Kristallzucker
3 Dotter
1 Pkg. Vanillezucker
280 g glattes Weizenmehl
(1 MS Backpulver)

FÜLLE & DEKO

Staubzucker
Marmelade
(Sorte nach Geschmack)

ZUBEREITUNG

- Butter, Zucker, Dotter und Vanillezucker zusammenmixen, dann Mehl (und Backpulver) dazugeben und von Hand in die Masse einkneten.
- Anschließend Teig ca. 30 Minuten rasten lassen.

- Teig dünn auswalken (ca. 3 mm, am besten in Teilen), Kekse ausstechen, zur Hälfte voll, zur Hälfte mit »Augen«.
- Auf ein mit Backpapier belegtes Backblech setzen und im vorgeheizten Backrohr bei 170 °C (Ober-/ Unterhitze) ca. 10 Minuten backen.

- Auskühlen lassen, dann die oberen Teile mit Staubzucker bestreuen, die unteren Teile mit Marmelade (je nach Geschmack oder Farbe, z. B. Marillenmarmelade) bestreichen.
- Zum Schluss jeweils einen oberen und einen unteren Teil zusammenkleben.

»ICH HAB EINE GROSSE FAMILIE UND DA MUSS AM WOCHENENDE IMMER WAS SÜSSES AM TISCH STEHEN. UND WENN JEMAND HEIRATET, DANN HELFEN NATÜRLICH ALLE ZUSAMMEN.«
MARIA KNÖBL

Nusstaler

ZUTATEN

TEIGMASSE

300 g Butter
300 g glattes Weizenmehl
150 g geriebene Walnüsse
150 g Staubzucker
1 Pkg. Vanillezucker

BUTTERCREME

250 g Butter
200 g Staubzucker
1 Pkg. Vanillezucker
1 Stamperl Eierlikör

DEKO

geriebene Walnüsse
weiße Kuvertüre
Walnussstücke

ZUBEREITUNG

- Butter mit Mehl »abbröseln« (siehe Tipp), mit Walnüssen, Zucker und Vanillezucker rasch zu einem Teig verkneten. In Frischhaltefolie gewickelt einige Stunden im Kühlschrank ruhen lassen.
- Anschließend Teig ausrollen und dünne runde Kekse ausstechen. Auf ein mit Backpapier belegtes Blech setzen und im vorgeheizten Backrohr bei 170 °C (Heißluft) ca. 7 Minuten backen.

- Für die Buttercreme alle Zutaten schaumig schlagen und in einen Dressiersack mit Lochtülle füllen. Creme jeweils auf ein Keks aufdressieren, mit einem zweiten zusammensetzen.

- Rand mithilfe eines Messers mit der Creme bestreichen und in den geriebenen Walnüssen rollen.
- Zur Verzierung weiße Kuvertüre schmelzen. Mit einem Dressiersack kleine Punkte in die Mitte der Kekse dressieren und mit einem Stück Walnuss garnieren.

»Abbröseln« bedeutet bröselig vermengen.
Kalte Butter und Mehl werden mit den Handflächen verrieben, ohne dass dabei zu viel Wärme entsteht. Dadurch bilden sich kleine Brösel (Streusel).

»DAS BACKEN HAT EINFACH
IMMER SCHON DAZUGEHÖRT
ZU MEINEM LEBEN. ES MACHT
MIR SPASS, MAN KANN
KREATIV SEIN.«
JULIA KREMSNER

»ICH FREUE MICH IMMER WIEDER, WENN ICH MIT DEM KEKSEBACKEN LOSLEGEN KANN! FÜR MICH IST DAS KEIN STRESS, SONDERN MEIN AUSGLEICH ZU KINDERN UND HAUSHALT.«

KARIN LANZ

Himbeermonde

ZUTATEN

MÜRBTEIG

500 g glattes Weizenmehl
300 g Margarine
200 g Staubzucker
1 TL Vanillezucker
1 TL Zitronensaft
1 TL Lebkuchengewürz
4 Dotter

FÜLLE & DEKO

Himbeermarmelade
Fettglasurmasse (weiße Schokolade)
etwas rote und blaue Lebensmittelfarbe

ZUBEREITUNG

- Für den Mürbteig alle Zutaten rasch zu einem Teig verkneten. In Frischhaltefolie wickeln und ca. 2 Stunden rasten lassen. Abschließend ca. 2–2,5 mm dünn auswalken.
- Monde ausstechen, auf ein mit Backpapier belegtes Backblech setzen und im vorgeheizten Backrohr bei 170 °C (Heißluft) ca. 10 Minuten backen. Herausnehmen und am Backblech ca. 30 Minuten auskühlen lassen.
- Die eine Hälfte der Monde mit Himbeermarmelade bestreichen, mit den restlichen Monden bedecken und ein paar Stunden (am besten über Nacht) antrocknen lassen.

- Zur Dekoration Fettglasurmasse mit den beiden Farben am Herd anrühren, dann die Monde halb in die erwärmte Glasur tunken und abschließend darüber »schnürln« (dekorieren).

KARIN LANZ

Apfelstrudelbusserl

ZUTATEN

TEIG

250 g Butter
130 g Staubzucker
1 EL Vanillezucker
1 Ei
1 Dotter
340 g glattes Weizenmehl
1 TL Apfelstrudelgewürz

FÜLLE & DEKO

Apfelmarmelade zum Füllen
etwas Zimt und Staubzucker zum Bestreuen

ZUBEREITUNG

- Für den Teig zimmerwarme Butter mit Staub- und Vanillezucker 10 Minuten schaumig schlagen. Ei und Dotter verquirlen und nach und nach hinzufügen, Mehl und Gewürz zügig unterheben.
- Masse in einen Spritzbeutel mit gezackter Tülle füllen und mit genügend Abstand Busserl (ca. 3 cm Ø) auf ein mit Backpapier belegtes Backblech dressieren.
- Im vorgeheizten Backrohr bei 170 °C (Heißluft) ca. 8 Minuten backen. Herausnehmen und ca. 30 Minuten auskühlen lassen.

- Für die Fertigstellung Busserl mit Apfelmarmelade bestreichen und jeweils mit einem zweiten zusammensetzen. Zimt und Staubzucker verrühren und Busserl bestreuen.

»MEINE PHILOSOPHIE: NUR AUS GUTEN SACHEN KANN GUTES ENTSTEHEN.«
SILVIA KURTA-STIPSITS

»DAS BACKEN FÜR ALLE ANLÄSSE, VOR ALLEM ABER FÜR HOCHZEITEN, IST FÜR MICH SCHWELGEN IN SCHOKOLADE, ZUCKER, DUFTENDEN ZUTATEN, CREMIGEN FÜLLUNGEN – BACKVERGNÜGEN PUR, WEIL ICH WIRKLICH ZUM VERGNÜGEN BACKEN KANN.«

CHRISTINE THELL

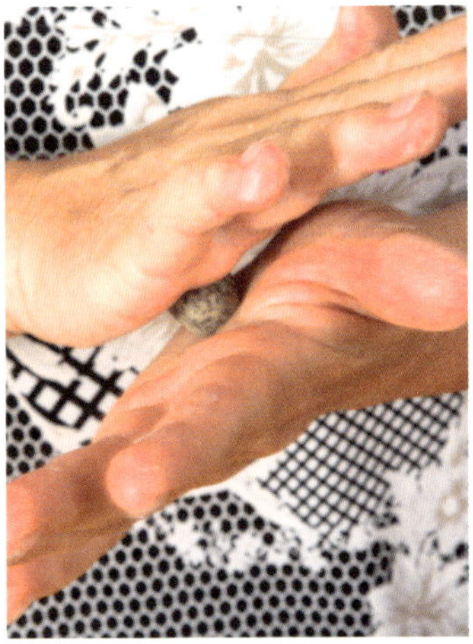

Mohnaugen

ZUTATEN

TEIG

200 g glattes Weizenmehl
150 g Butter/Margarine
100 g gemahlener Mohn
100 g Staubzucker
1 Pkg. Vanillezucker
1/2 Pkg. Backpulver
1 Ei

FÜLLE

Zwetschkenmarmelade zum Befüllen

ZUBEREITUNG

- Für den Teig alle Zutaten verkneten, anschließend ca. 1 Stunde im Kühlschrank rasten lassen.
- Aus dem Teig kleine Kugeln (Ø ca. 2 cm) formen und mit genügend Abstand auf ein mit Backpapier belegtes Backblech legen (Kugeln gehen beim Backen etwa auf die doppelte Größe auf). Mit dem Ende eines Kochlöffels oder einem ähnlich runden Gegenstand kleine Vertiefungen in die Kugeln drücken. (Um zu verhindern, dass Teig am Stiel kleben bleibt, jeweils in Mehl tauchen, bevor Sie drücken.)
- Im vorgeheizten Backofen bei 180 °C (Ober-/Unterhitze) ca. 10–12 Minuten backen.

- Für die Dekoration Mohnaugen ca. 30 Minuten auskühlen lassen, dann mit einem Spritzsack Marmelade in die Vertiefungen spritzen. Gut trocknen lassen.

Statt Zwetschkenmarmelade können Sie natürlich, je nach Geschmack, auch eine andere dunkle Marmelade verwenden, zum Beispiel Ribisel, Kirsche oder Himbeere.

Punschringerl

ZUTATEN

TEIG

100 g Kochschokolade
150 g Butter
200 g glattes Weizenmehl
100 g Staubzucker
200 g geriebene Walnüsse
1 Ei
1 Pkg. Vanillezucker

PUNSCHFÜLLE

helles und dunkles Biskuit (siehe auch Rezept S. 70)
Rum
Marillenmarmelade

GLASUR & DEKO

dunkle Kuvertüre
Nonpareilles (Zuckerkugerl)

ZUBEREITUNG

- Schokolade schmelzen. Dann Butter mit Mehl »abbröseln« (siehe Tipp S. 44) und mit den restlichen Zutaten zu einem Teig verkneten. Diesen einige Stunden rasten lassen.

- Anschließend Teig ausrollen und mit einem blumenförmigen Ausstecher (mit Loch in der Mitte) dickere Kekse ausstechen. Auf einem mit Backpapier belegten Backblech im vorgeheizten Backrohr bei 170 °C (Heißluft) ca. 7 Minuten backen. Auskühlen lassen.

- Für die Punschfülle Biskuit mit Rum und Marmelade abschmecken, bis eine weiche, dressierfähige Masse entsteht.
- Punschmasse in einen Dressiersack mit Sterntülle füllen. Auf die erkalteten Kekse dressieren.
- Mit der temperierten (handwarmen) Kuvertüre übergießen und verzieren.

Schneeballerl

ZUTATEN

TEIG

125 g Kartoffelmehl
125 g glattes Weizenmehl
100 g Staubzucker
125 g Butter
1 Dotter
1 Pkg. Vanillezucker
Staubzucker

BUTTERCREME

100 g Butter
75 g Staubzucker
Vanilleextrakt

ZUBEREITUNG

- Teigzutaten zu einem Teig verkneten. In Frischhaltefolie verpacken und mindestens 2 Stunden im Kühlschrank rasten lassen.
- Dann den Teig zu einer ca. 2 cm dicken Stange rollen und in kleine Scheiben schneiden. Zu kleinen Kugeln formen, auf ein mit Backpapier belegtes Blech setzen, dabei etwas andrücken, damit ein flacher Boden entsteht. Im vorgeheizten Backrohr bei 170 °C (Heißluft) ca. 10 Minuten hell backen.
- In noch heißem Zustand mit Staubzucker bestreuen.

- Für die Buttercreme Butter und Zucker schaumig schlagen. Mit Vanilleextrakt abschmecken.
- Anschließend jeweils ein Keks mit der Creme bestreichen. Mit einem zweiten Keks zusammensetzen.

Wenn Sie die Kekse noch heiß bestreuen, hält der Zucker besser.

Früchtebrot

ZUTATEN

TEIG

5 Eier
80 g Butter/Margarine
60 g Staubzucker
60 g Kristallzucker
80 g grob gehackte Schokolade
80 g grob gehackte Nüsse/ Mandelstifte
60 g grob gehackte Rosinen
60 g Aranzini
120 g glattes Weizenmehl
1 MS Backpulver

DEKO

Marillenmarmelade
Schokoglasur

ZUBEREITUNG

- Eier trennen. Butter schaumig rühren, Dotter und Staubzucker dazugeben und schaumig rühren. Eiklar mit Kristallzucker steif schlagen. Alle Zutaten vermengen, zuletzt den Eischnee unterheben.
- Zwei Terrinenformen ausfetten, bemehlen und die Masse einfüllen. Im vorgeheizten Heißluftherd bei 150 °C (Ober-/Unterhitze 180 °C) ca. 35 Minuten backen.

- Früchtebrot aus der Form stürzen und auskühlen lassen.
- Mit Marillenmarmelade bestreichen und mit Schokoglasur überziehen. Trocknen lassen und in ca. 1 cm dicke Scheiben schneiden.

Wer keine Aranzini und/ oder Rosinen mag, lässt diese einfach weg und erhöht die Menge der Schokolade und der Nüsse.

zum Zugreifen

GEBACKENES, KLEINGEBÄCK & PRALINEN

Neben den traditionellen Krapferl ist es vor allem das Kleingebäck, das die Hochzeitsgäste en passant zum Zugreifen verführt, weil es einfach auf der Hochzeitstafel steht – und natürlich gegessen werden will. Dabei spannt sich der Bogen des verlockenden Angebotes von sehr ursprünglichem Gebäck wie den »G'radelten Krapfen« oder dem »Polsterzipf« bis zu feinsten Pralinen oder Petit Fours. Alles in allem köstliche Zeugnisse, die beweisen, dass die Hochzeitsbäckerinnen auch bei anspruchsvollen Konditoraufgaben durchaus bestehen können.

Burgenländische Balasn

ZUTATEN

TEIGMASSE

1/8 l Milch
1 EL Schmalz
1 EL weiche Butter
4 Dotter
300 g Weizenmehl (Universal)

FÜLLE

1 kg Äpfel
2 EL Kristallzucker
1 TL Zimt
1 EL Zitronensaft

Fett
Staubzucker

ZUBEREITUNG

- Aus den Zutaten von Hand einen geschmeidigen Teig kneten. Anschließend rasten lassen.
- Äpfel schälen, entkernen und reißen (raspeln). Mit Zucker, Zimt und Zitronensaft gut vermischen.
- Für die Fülle Teig dünn (ca. 3 mm) auswalken, Kreise ausstechen und die Fülle draufgeben.
  Entweder zusammenklappen oder mit einer zweiten Scheibe bedecken – das kommt auf die gewünschte Endform (rund oder mondförmig) an. Ränder fest zusammendrücken.
- In heißem Fett schwimmend ein bis zwei Minuten herausbacken. Auf einer Küchenrolle abtropfen lassen und anschließend mit Staubzucker bestreuen.

»FRÜHER SIND DIE LEUTE ZUM BÄCKER GEGANGEN UND HABEN DORT DIE KEKSERL GEBACKEN, WEIL DER HALT EINEN GRÖSSEREN OFEN GEHABT HAT.«
DANIELA SCHNEIDER

G'radelte Krapfen

ZUTATEN

TEIGMASSE

3 Dotter
2 EL Rahm
1 EL Rum
300 g glattes Weizenmehl

1,5 l Sonnenblumenöl
Staubzucker zum Bestreuen

ZUBEREITUNG

- Alle Zutaten für den Teig verkneten. Messerrückendünn auswalken, Vierecke (ca. 5 x 10 cm) »ausradeln« (mit einer gewellten Rolle schneiden), der Länge nach 3–4 Mal »einradeln« und Teigstücke verdrehen, bevor man sie in einer großen Pfanne ins heiße Fett legt.
- Die Stücke im Öl schwimmend goldgelb herausbacken, einmal wenden. Anschließend auf Küchenpapier abtropfen lassen.
- Vor dem Servieren mit Staubzucker bestreuen.

Schaumrollen

ZUTATEN

STRUDELTEIG
500 g glattes Weizenmehl
100 g Dotter
$^1/_8$ l Wasser
15 g Zitronensaft

BUTTERZIEGEL
250 g Weizenmehl
750 g Butter

FÜLLE
225 g Eiklar
525 g Kristallzucker
$^1/_8$ l Wasser

Staubzucker

ZUBEREITUNG

- Für den Blätterteig zunächst den Strudelteig zubereiten. Dafür sämtliche Zutaten zu einem Teig kneten und mit den Handballen rund formen. Teigkugel mit einem Messer kreuzweise 2–3 cm tief einschneiden und ca. 20 Minuten rasten lassen.
- Für den Butterziegel raumtemperierte Butter mit dem Mehl gut vermengen und zu einem Ziegel formen.
- Strudelteig auf einer bemehlten Arbeitsfläche von der Mitte aus wie ein vierblättriges Kleeblatt ausrollen. Butterziegel darauflegen, Teiglappen darüberlegen und einschlagen. Wieder ausrollen und zu einer einfachen Tour zusammenschlagen. Noch einmal ausrollen und zu einer doppelten Tour zusammenschlagen (»tourieren«). In Frischhaltefolie gut einhüllen und etwa 20 Minuten kühl rasten lassen.
- Noch einmal einfach und doppelt tourieren und wieder 20 Minuten rasten lassen.
- Blätterteig ca. 3 mm dünn auswalken, in 1 cm breite Streifen schneiden. Diese über eine Schaumrollenform wickeln und bei 200 °C (Ober-/Unterhitze) ca. 18 Minuten goldbraun backen. Auskühlen lassen.

- Für die Fülle Eiklar sehr steif schlagen.
- Wasser aufkochen, Zucker dazugeben und genau 3 Minuten kochen lassen. Noch heiß langsam in den steifen Schnee einrühren. Kurze Zeit weiterrühren, bis die Masse etwas abgekühlt ist.
- Mit einem Spritzsack in die gebackenen Schaumrollen einfüllen. Mit Staubzucker bestreuen.

Blätterteig eignet sich auch sehr gut zum Tiefkühlen.

Schmalzkipferl

ZUTATEN

TEIG

25 g Germ
100 ml Wasser
3 EL Kristallzucker
500 g glattes Weizenmehl
100 g Schmalz
150 g Butter
1 Pkg. Vanillezucker
$^1/_2$ TL Salz
2 Dotter
1 unbehandelte Zitrone

FÜLLE & DEKO

Marmelade
(Sorte nach Geschmack)
Staubzucker
Vanillezucker

ZUBEREITUNG

- Germ mit je 1 TL Zucker und Mehl in ein Glas mit lauwarmem Wasser geben. Für ca. 10 Minuten stehen lassen.
- Schale der Zitrone abreiben und gemeinsam mit den übrigen Zutaten in eine Rührschüssel geben. Germgemisch hinzufügen und alles zu einem glatten Teig verarbeiten. Der Germteig muss nicht rasten.
- Rolle formen und in 6 gleich große Teile schneiden. Jeden der Teile etwas flach drücken, zu einem Kreis auswalken und in 8 gleiche Teile schneiden.

- Auf jedes Achtel etwas Marmelade geben (diese sollte nicht zu flüssig sein, damit sie beim Backen nicht hinausquillt). Kipferl formen und auf ein mit Backpapier belegtes Backblech setzen.
- Im vorgeheizten Backrohr bei 180 °C (Ober-/Unterhitze) ca. 15 Minuten backen.

- Nach dem Backen Kipferl sofort in einem Vanille-Staubzucker-Gemisch wälzen.

Die Kipferl können auch mit Nüssen oder Mohn gefüllt werden. In einer Dose oder Frischhaltebox aufbewahrt, bleiben sie ca. 10 Tage frisch.

SNEZANA MAHR

Polsterzipf

ZUTATEN

TEIG

250 g Butter
250 g Topfen
250 g glattes Weizenmehl
1 Pkg. Vanillezucker
1 Prise Salz

FÜLLE & DEKO

1 Ei zum Bestreichen
Feste Marmelade zum Befüllen (Geschmack nach Belieben)
Staubzucker zum Bestreuen

ZUBEREITUNG

- Für den Teig alle Zutaten verkneten, in Frischhaltefolie wickeln und mind. 5 Stunden (am besten über Nacht) im Kühlschrank rasten lassen.
- Für die Weiterverarbeitung Teigmenge halbieren, auf einer bemehlten Fläche dünn ausrollen (ca. 4–5 mm) und in 4 x 4 cm große Quadrate schneiden. Jeweils zwei der vier Kanten mit verquirltem Ei bepinseln und mit einem Dressiersack oder Löffel in die Mitte der Teigstücke jeweils einen Klecks Marmelade setzen. Zu Dreiecken zusammenklappen und gut festdrücken.
- Teigreste mit der zweiten Hälfte des Teiges verkneten und wieder wie beschrieben zu Dreiecken formen. Fertige Dreiecke auf ein mit Backpapier belegtes Backblech setzen.
- Im vorgeheizten Backrohr bei 200 °C (Ober-/Unterhitze) ca. 10–15 Minuten backen.

- Für die Deko ca. 30 Minuten auskühlen lassen, dann mit Staubzucker bestreuen.

Je nach Geschmack können Sie für die Füllung Ribisel-, Zwetschken- oder eine andere dunkle Marmelade verwenden.

Punschkrapferl

ZUTATEN

BISKUIT

6 Eier
6 EL Staubzucker
1 Pkg. Vanillezucker
6 EL glattes Weizenmehl

PUNSCHMASSE

Schokokuchen
3 Rippen Kochschokolade
Marillenmarmelade
Rum

DEKO

rosa Schokoladeglasur

ZUBEREITUNG

- Eier mit Staub- sowie Vanillezucker schaumig schlagen, Mehl unterheben.
- Backpapier auf ein Backblech legen. Biskuit auf das Blech streichen und bei 180 °C (Heißluft) ca. 15–20 Minuten backen.
- Aus dem erkalteten Biskuit kleine Kreise ausstechen.

- Einen Schokokuchen zubereiten (z. B. Rezept S. 126, auf Blech gebacken, oder Ähnliches) und auskühlen lassen. Danach mit den Resten des Biskuits zerbröseln, zerlassene Kochschokolade, Marillenmarmelade und Rum nach Geschmack dazugeben und zu einer geschmeidigen Masse verkneten.

- Aus der Punschmasse kleine Kugerl formen und auf die Biskuitkreise setzen.
- Mit rosa Schokoladeglasur glasieren (nach Belieben auch mit Punschglasur).

»MIR WAR IMMER DAS KLEINGEBÄCK AM LIEBSTEN, DAS HAB ICH AUCH IMMER SEHR GERN GEMACHT.«

MARIA KNÖBL

»BEI MIR GIBT ES ALLES IM KLEINFORMAT, ALSO IN PETIT-FOUR-GRÖSSE. DAS SIND KEINE GROSSEN STÜCKE, SONDERN KLEINE KARDINALSCHNITTEN, PUNSCHKRAPFERL ODER ILONKA. DIE SIND MIT ZWEI BIS DREI HAPPEN WEG UND DESHALB KANN MAN MEHR DURCHPROBIEREN …«

ANDREA PLOHOVITS

Nilpferde

ZUTATEN

TEIG

6 Eier
180 g weiche Margarine
240 g Staubzucker
1 Pkg. Vanillezucker
100 g erweichte Schokolade
90 g glattes Weizenmehl
100 g geriebene Nüsse
1 Prise Backpulver

CREME

150 g Margarine
200 g Staubzucker
$^1/_{16}$ l Rum
2 EL gesiebter Kakao
200 g Kokosette

DEKO

500 g weiße Schokoladeglasur
Schokostreusel

ZUBEREITUNG

- Eier trennen. Margarine mit Staubzucker, Dotter und Vanillezucker schaumig rühren.
- Die erweichte Schokolade dazugeben. Mehl, Nüsse und Backpulver vermengen und mit dem geschlagenen Eischnee unterheben.
- Backpapier auf ein Backblech (30 x 35 cm) legen. Den Teig gleichmäßig daraufstreichen und im vorgeheizten Backrohr bei 170 °C (Heißluft) ca. 30 Minuten backen.

- Für die Creme Margarine zerlassen, aber nicht heiß werden lassen, restliche Zutaten dazurühren.
- Auf den ausgekühlten Teig streichen.

- Streifen in gewünschter Größe schneiden und seitlich abrunden. Mit weißer Schokoladeglasur glasieren sowie mit Schokostreuseln verzieren.

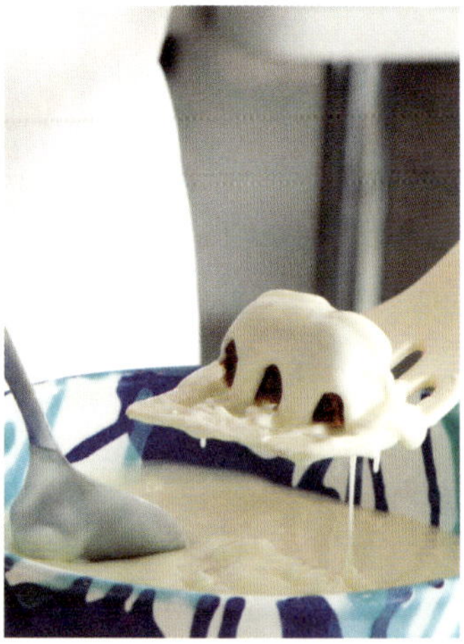

Donauwellen

ZUTATEN

TEIG

5 Eier
250 g Kristallzucker
1 Pkg. Vanillezucker
250 g glattes Weizenmehl
20 g Kakao
1 TL Backpulver
1/8 l Wasser
1/8 l Sonnenblumenöl

SCHNEE

5 Eiklar
350 g gesiebter Staubzucker
1 Pkg. Vanillezucker

DEKO

400 g Milchschokolade
(4 EL Sonnenblumenöl)

ZUBEREITUNG

- Eier, Zucker und Vanillezucker schaumig schlagen. Das Mehl mit dem Kakao und dem Backpulver vermengen. In die Eimasse langsam Wasser und Öl dazumixen. Anschließend das Mehl-Kakao-Gemisch unterheben.
- Masse auf ein mit Backpapier ausgelegtes Backblech aufstreichen und im vorgeheizten Backrohr bei 180 °C (Ober-/Unterhitze) ca. 40 Minuten backen.
- Auskühlen lassen und in Stangerl schneiden.

- Eiklar, Staub- und Vanillezucker zu steifem Schnee schlagen. In einen Spritzsack mit Sterntülle füllen und auf die Teigstangerl spritzen.
- Abschließend mit der zerlassenen Milchschokolade übergießen.

Wenn Sie zur Schokoladeglasur ein paar Esslöffel Öl dazugeben, glänzt diese umso schöner.

KARIN PREINER

Pariser Spitz

ZUTATEN

TEIGMASSE

5 Eier
150 g Kristallzucker
1 Pkg. Vanillezucker
150 g glattes Weizenmehl
(1 MS Backpulver)
Abrieb von 1/2 unbehandelten Biozitrone

CREME

1/16 l Milch
2 Dotter
20 g Kartoffelmehl
60 g Kristallzucker
1 Pkg. Vanillezucker
250 g Butter
100 g Kristallzucker
2 Rippen Kochschokolade
100 g Kokosraspel

SCHOKOLADE-GLASUR

200 g Butter
200 g Kochschokolade

ZUBEREITUNG

- Eier, Zucker und Vanillezucker schaumig mixen, dann Mehl, Zitronenabrieb (und Backpulver) vorsichtig unterheben.
- Masse auf ein mit Backpapier ausgelegtes Backblech aufstreichen und im vorgeheizten Backrohr bei 200 °C (Ober-/Unterhitze) ca. 20 Minuten backen.
- Anschließend Teig auf ein Brett stürzen und runde Scheiben (Ø ca. 3 cm) ausstechen.

- Milch, Dotter, Kartoffelmehl, Zucker und Vanillezucker über Wasserdampf ca. 15 Minuten schaumig aufschlagen, auskühlen lassen.
- In einer zweiten Schüssel Butter und Zucker sämig mixen. Schokolade erwärmen, bis sie flüssig ist, und dann in die Masse einmixen.
- Anschließend die beiden Massen zusammenmischen, zum Schluss Kokosraspel unterheben.

- Butter in der Pfanne heiß werden lassen, über die Schokolade gießen und so lange verrühren, bis eine zähflüssige Glasur entsteht.

- Creme in einen Dressiersack (fester Spritzbeutel) füllen und kuppelartig auf die Biskuitscheiben aufspritzen.
- Mit Schokoladeglasur überziehen und auskühlen lassen (an einem kühlen Ort, aber nicht im Kühlschrank).

Obstschüsserl

ZUTATEN

TEIGSCHÜSSERL

350 g glattes Weizenmehl
250 g Butter
1 Dotter
120 g Staubzucker
bittere Kuvertüre

VANILLECREME

250 ml Milch
125 ml Schlagobers
75 g Kristallzucker
3 Dotter
40 g Maizena/Maisstärke
1 TL Vanillezucker

DEKO

frisches Obst zum Belegen
Tortengelee

ZUBEREITUNG

- Mehl, Butter, Dotter und Staubzucker zu einem Teig kneten. Teig in Schüsserlformen drücken und bei 160 °C (Ober-/Unterhitze) ca. 10–15 Minuten goldbraun backen. Anschließend vorsichtig aus den Schüsserlformen klopfen und auskühlen lassen.
- Mit zerlassener, temperierter Kuvertüre bestreichen und trocknen lassen.

- Für die Creme zwei Drittel der Milch mit Obers, Zucker und Vanillezucker zum Kochen bringen. 3 Eidotter mit Maizena und der restlichen Milch verrühren und in die aufgekochte Milch-Obers-Mischung einrühren, nochmals unter ständigem Rühren aufkochen.

- Auskühlen lassen und mit dem Dressiersack (Spritzbeutel) einen Spitz auf die Teigschüsserl dressieren. Das frische Obst nach Belieben zurechtschneiden und auf den Cremespitz legen.

- Tortengelee zubereiten und am Schluss über das Obst streichen. Kühl stellen.

Erhitzen Sie die Kuvertüre auf ca. 45 °C und lassen Sie sie anschließend auf 28 °C abkühlen, dann wird sie schön fest und nicht grau.

Weißer Traum

ZUTATEN

BISKUIT

5 Eier
150 g Kristallzucker
1 Pkg. Vanillezucker
100 g griffiges Weizenmehl
1 MS Backpulver
40 g zerlassene Butter

VANILLEPUDDING-CREME

180 g Butter
$^1/_8$ l Milch
1 Dotter
10 g Vanillepuddingpulver
200 g Staubzucker

DEKO

Kokosette
rote Zuckerherzerl

ZUBEREITUNG

- Für das Biskuit Eier trennen. Eiklar mit Zucker und Vanillezucker schlagen, Dotter dazugeben, Mehl mit Backpulver unterheben. Zuletzt die zerlassene Butter unterrühren.
- Biskuitmasse auf ein mit Backpapier ausgelegtes Backblech aufstreichen und im vorgeheizten Backrohr bei 175 °C (Heißluft) 12 Minuten backen. Auskühlen lassen.

- Für den Vanillepudding Milch mit Dotter und Vanillepuddingpulver aufkochen, kalt werden lassen.
- Staubzucker mit der Butter schaumig rühren, anschließend den kalten Pudding unterrühren.

- Das erkaltete Biskuit rund ausstechen. Zwei ausgestochene Biskuits mit Creme zusammensetzen, rundherum bestreichen und in Kokosette (Kokosstreusel) wälzen.
- In eine Gebäckskapsel (Papierförmchen) stellen und mit rotem Zuckerherzerl dekorieren.

Zitronenröllchen

ZUTATEN

BISKUITTEIG

4 Eier
120 g Kristallzucker
1 Pkg. Vanillezucker
60 g glattes Weizenmehl

CREME

150 g Butter
150 g Staubzucker
1 Pkg. Vanillezucker
$^1/_8$ l Milch
1 EL Maizena
Saft von $^1/_2$ Zitrone

DEKO

Staubzucker zum Bestreuen

ZUBEREITUNG

- Für den Biskuitteig Eier, Zucker und Vanillezucker schaumig schlagen, danach das Mehl unterheben.
- Biskuitmasse auf ein mit Backpapier ausgelegtes Backblech aufstreichen und im vorgeheizten Backrohr bei 200 °C (Ober-/Unterhitze) ca. 8–10 Minuten backen.
- Für die Creme Butter, Zucker und Vanillezucker schaumig schlagen. Milch und Maizena unter ständigem Rühren zu einer puddingartigen Masse aufkochen, auskühlen lassen und dann mit der Butter-Zucker-Creme vermengen. Abschließend Zitronensaft langsam untermixen.
- Biskuitteig in drei Teile schneiden, mit Creme bestreichen und zusammenrollen. Im Kühlschrank eine halbe Stunde kalt stellen. Die Rollen in 10 kleine Röllchen schneiden, mit Staubzucker bestreuen und in weiße Papierkapseln setzen.

Wenn Sie den Biskuitteig zu lange backen, lässt er sich schwer rollen oder bricht leichter.

KARIN PREINER

Brandteigschwäne

ZUTATEN

BRANDTEIG

250 ml Milch
125 g Butter
1 Prise Salz
200 g glattes Weizenmehl
6 Eier

CREME

250 ml Milch
25 g Puddingpulver
50 g Kristallzucker
1 TL Vanillezucker
2 Blatt Gelatine
200 ml Obers
200 ml Pâtisserie-Creme (pflanzl. Obers)

DEKO

Staubzucker zum Bestreuen

ZUBEREITUNG

- Für den Brandteig Milch mit Butter und Salz zum Kochen bringen. Temperatur reduzieren, Mehl hinzufügen und mit einem Kochlöffel so lange rühren, bis am Topfboden ein weißer Belag entsteht und sich die Teigmasse gut verbunden hat. Masse in die Rührmaschine geben, Eier auf mittlerer Stufe nach und nach unterrühren (alternativ Handmixer verwenden).
- Danach mit einem Dressiersack (Sterntülle) ovale Kreise (ca. 6 x 4 cm) für die »Schwanenkörper« auf ein mit Backpapier belegtes Backblech spritzen. Für die »Schwanenhälse« mit einer kleineren Tülle Zweier in gleicher Anzahl dressieren. Im vorgeheizten Backrohr bei 200 °C (Heißluft) ca. 15–20 Minuten backen. Anschließend auskühlen lassen (ca. 30 Minuten).

- Für die Creme $1/3$ der Milch mit Puddingpulver verrühren. Restliche Milch mit Zucker und Vanillezucker aufkochen, danach die Puddingmilch einrühren. Gelatine in kaltem Wasser einweichen, ausdrücken und in der noch heißen Puddingmasse auflösen. Mindestens 2 Stunden abkühlen lassen.
- Währenddessen Obers und Pâtisserie-Creme aufschlagen, anschließend beide unter den kalten Pudding heben.

- Für die Fertigstellung der Schwäne Teigkörper quer halbieren, dann obere Hälften der Länge nach für die »Flügel« teilen. Die unteren Hälften mit Creme befüllen, Hälse einsetzen und Flügel aufsetzen. Zum Abschluss mit etwas Staubzucker bestreuen.

Vorsicht! Das Backrohr nicht zu früh öffnen, da der Brandteig sonst zusammenfällt.

Gefüllte Lebkuchen

ZUTATEN

TEIG

275 g Honig
$^{1}/_{16}$ l Wasser
110 g Kristallzucker
1 Pkg. Vanillezucker
1 unbehandelte Zitrone
1 kleine unbehandelte Orange
265 g glattes Weizenmehl
335 g Roggenmehl
1 Pkg. Natron
2 Eier
$^{1}/_{2}$ Pkg. Lebkuchengewürz (bzw. Zimt, Gewürznelkenpulver, Muskatnuss, Ingwerpulver, Fenchel, Koriander, Kardamom und Anis)

FÜLLE

40 Dörrzwetschken
4 EL Rum
17 Feigen
3 EL Ribiselmarmelade

DEKO

Kuvertüre (Milchschokolade)

ZUBEREITUNG

- Für den Teig Honig, Wasser, Zucker, Vanillezucker sowie Abrieb und Saft von Zitrone sowie Orange unter Rühren zum Kochen bringen. Auskühlen lassen.
- Die übrigen Zutaten der Reihe nach zugeben. Mit dem Mixer (Knethaken) zu einem glatten Teig kneten. Eventuell etwas Mehl zugeben, falls der Teig zu weich ist. Über Nacht rasten lassen.

- Für die Fülle eingelegte Dörrzwetschken zusammen mit Feigen faschieren (passieren) und mit Marmelade vermischen.

- Teig auf der Arbeitsfläche auswalken (ca. 2,5–3 mm dick) und in 5 cm breite Streifen schneiden. Mit etwas Wasser bestreichen.
- Fülle mit einem Spritzbeutel gleichmäßig auf den Teigstreifen aufteilen. Teigstreifen einrollen, aneinanderreihen und mit dem Stiel eines Kochlöffels alle 5 cm abteilen. Danach mit einem Messer durchschneiden und auf ein mit Backpapier ausgelegtes Blech legen. Im vorgeheizten Backrohr bei ca. 175 °C (Umluft) ca. 10 Minuten backen.
- Etwas auskühlen lassen und in geschmolzene Kuvertüre tunken. Trocknen lassen.

»GEHEIRATET WIRD IMMER.«

KARIN PREINER

»BEI DEN GRÖSSEREN HOCHZEITEN SIND DAS SCHON EINMAL 50 BIS 60 KILO KEKSE.«

ROSWITHA KOLBY

Kokoskugeln

ZUTATEN

MASSE

250 g Butter/Margarine
250 g Staubzucker
$^{1}/_{2}$ Pkg. Vanillezucker
100 g weiße Schokolade
Kokoslikör oder -sirup
50 g glattes Weizenmehl
200 g Kokosette

DEKO

Kokosette
Papierförmchen

ZUBEREITUNG

- Weiche Butter oder Margarine mit Staub- und Vanillezucker schaumig schlagen.
- Weiße Schokolade im Wasserbad schmelzen. Schokolade und Likör oder Sirup langsam der Buttermasse zugeben. Mehl und Kokosette einrühren. Masse für ca. 1 Stunde in den Kühlschrank stellen.

- Wenn die Masse fest ist, kleine Kugeln formen. In Kokosette wälzen und in Papierförmchen setzen. Kühl lagern.

Marzipan-Orangen-Nougat

ZUTATEN

1 unbehandelte Orange
400 g Marzipan
etwas Zartbitterkuvertüre

50 g Butter
200 g Obers
1 EL Vanillezucker
1 Prise Salz
200 g Nussnougat
150 g Milchkuvertüre
100 g Zartbitterkuvertüre

150 g Zartbitterkuvertüre

ZUBEREITUNG

- Schale der Orange abreiben (Zesten). Marzipan damit je nach Geschmack »anwirken« (durchkneten). Masse auf Backpapier ca. 5 mm dick ausrollen (22 x 22 cm). Mit einer rechteckigen Backform in Form bringen. Kühl stellen.
- Nach ca. 30 Minuten für den Boden etwas geschmolzene Zartbitterkuvertüre mit einem Pinsel dünn auf das Marzipan aufstreichen. Erstarren lassen und vorsichtig umdrehen.

- Butter weich werden lassen. Obers mit Vanillezucker und Salz aufkochen. Über Nougat und die beiden Kuvertüren gießen, homogenisieren. Danach weiche Butter einrühren.
- Masse auf höchstens 40 °C abkühlen lassen (siehe Tipp). Dann über das vorbereitete Marzipan in der Backform gießen. In Frischhaltefolie gewickelt im Kühlschrank über Nacht fest werden lassen.

- Zartbitterkuvertüre schmelzen und temperieren (manuell auf ca. 25–28 °C herunterkühlen). Anschließend damit das Nougat mit einer kleinen Winkelpalette dünn glasieren. Kühl stellen und fest werden lassen. Backform vorsichtig entfernen.
- Fertiges Nougat mit einem scharfen Messer, das vor jedem Schnitt in heißes Wasser getaucht und gereinigt werden sollte, in 2 x 3 cm große Stücke schneiden. Nach Belieben mit Orangenzesten dekorieren.

Kuvertüre schmilzt am besten im Wasserbad. Doch Vorsicht: Ist die Kuvertüre zu heiß, löst sich das Marzipan auf und wird so unbrauchbar.

ANDREA PLOHOVITS

Winterpralinen

ZUTATEN

MASSE

250 g Obers
3 Beutel Chai-Tee
3 g gemahlener Ingwer
4 Stk. aufgebrochene Kardamomkapseln
1 EL Vanillezucker
1/2 Zimtstange
1 Stk. Sternanis
1 Stk. Nelke
1 Prise Salz
150 g Zartbitterkuvertüre
100 g Milchkuvertüre
50 g Butter

DEKO

100 g Zartbitterkuvertüre
Kakaopulver bzw. Staubzucker und »Süßer Schnee«

ZUBEREITUNG

- Obers mit Gewürzen und Teebeuteln aufkochen und ca. 30 Minuten ziehen lassen. Nochmals aufkochen, abseihen. Beide Kuvertüren und Butter hinzufügen. Homogenisieren und durchsieben. Kühl stellen, bis die Masse fest geworden ist.
- Masse mit einem Teelöffel in 10-g-Stücke portionieren und zu Kugeln formen. Erneut kühl stellen.

- In der Zwischenzeit für die Dekoration Zartbitterkuvertüre im Wasserbad schmelzen. Jede einzelne Kugel mit Kuvertüre zart überziehen. Dafür am besten Handschuhe anziehen und Kugeln mit den Fingern in der Kuvertüre rollen.
- Danach sofort in einem Zucker-Schnee-Gemisch wälzen, um helle Pralinen zu erhalten. Für dunkle Pralinen Kakaopulver wählen.

Als »Süßen Schnee« bezeichnet man extrafeinen Puderzucker.

zum Aufschneiden

KUCHEN, SCHNITTEN, GERMGEBÄCK

Selbstverständlich dürfen auf einer burgenländischen Hochzeit die verschiedensten Variationen von Kuchen, Schnitten oder Strudel nicht fehlen. Vor allem der traditionelle Germgugelhupf ist in vielen Orten integraler Bestandteil des »Bschoadpinkerls«, das die Gäste heutzutage in Kartonform auf den Nachhauseweg mitbekommen. Ohne aufzuschneiden, kann man behaupten: Je reichhaltiger das süße Buffet, das sich auch in aufgeschnittenen Schnitten präsentiert, desto lieber behält man in Österreichs östlichstem Bundesland die Hochzeit in Erinnerung.

Burgenländischer Gugelhupf

ZUTATEN

TEIG

700 g glattes Weizenmehl
$^1/_2$ TL Salz
100 g Kristallzucker
250 ml Milch
42 g Germ (1 Pkg.)
800 g Butter
2 große EL Schweineschmalz
1 Ei
1 Dotter
1 EL Vanillezucker
1 Stamperl Rum
10 Stk. Süßstoff (z. B. Kandisin)
2 EL Backkakao
ca. 2–3 EL Rosinen (nach Belieben)

Flüssigbutter zum Einfetten der Form
Staubzucker zum Bestreuen

ZUBEREITUNG

- Für den Teig Mehl, Salz und Zucker in die Küchenmaschine geben. Milch erwärmen, Germ durch Rühren darin auflösen und hinzufügen. Gut durchrühren. Die zimmerwarme Butter mit Schmalz, Ei, Dotter, Vanillezucker, Rum und darin aufgelöstem Süßstoff zu einem nicht zu festen Teig kneten.
- Halbieren und in eine Hälfte das Kakaopulver und die Rosinen einarbeiten.
- Teig ca. 40 Minuten rasten lassen, bis er auf die etwa doppelte Größe aufgegangen ist.
- Erst den hellen, dann den dunklen Teig auf einer bemehlten Fläche ca. 1,5 cm dick ausrollen und übereinanderlegen. Zusammenrollen, in eine befettete Gugelhupfform setzen und etwa 1 Stunde rasten lassen. Im vorgeheizten Backrohr bei 180 °C (Ober-/Unterhitze) ca. 45 Minuten backen.
- Dann das Backrohr ausschalten und den Gugelhupf bei leicht geöffneter Tür noch etwa 10 Minuten darin stehen lassen.

- Für die Fertigstellung aus dem Backrohr nehmen und den Gugelhupf vorsichtig auf einen Teller stürzen. Etwas überkühlen lassen, dann anzuckern.

»BEI TRADITIONELLEN HOCHZEITEN GIBT'S FÜR DIE ZAUNGÄSTE IMMER MEHLSPEISEN, DA WIRD MIT TABLETTS DURCHGEGANGEN UND JEDER ZUSEHER DARF SICH AN DIESEN KÖSTLICHKEITEN BEDIENEN. DIESEN BRAUCH FIND ICH PERSÖNLICH TOTAL SCHÖN.«
SILVIA KURTA-STIPSITS

Katharinengugelhupf

ZUTATEN

5 Eier
250 g Butter
250 g Staubzucker
1 Pkg. Vanillezucker
250 g griffiges Weizenmehl
1 Pkg. Backpulver
200 g geriebene Nüsse
250 ml Eierlikör

Butter & Mehl für die Form
etwas Staubzucker

ZUBEREITUNG

- Eier trennen. Zimmerwarme Butter (siehe Tipp) mit Staub- und Vanillezucker schaumig schlagen, nach und nach die Dotter dazurühren. Eiklar zu festem Schnee schlagen.
- In die Masse nun abwechselnd das mit Backpulver versiebte Mehl, Nüsse und Eierlikör einrühren. Zum Schluss den Eischnee unterheben.

- Die Masse in eine eingefettete und bemehlte Gugelhupfform füllen und bei 175 °C (Ober-/Unterhitze) ca. 50 Minuten backen. Noch warm mit Staubzucker bestreuen.

Butter sollte bei Rührteigen immer Zimmertemperatur haben, da sie sonst zu flocken beginnt. Und auch Eier sollten Sie einige Zeit vor dem Backen aus dem Kühlschrank nehmen!

Topfenkuchen

ZUTATEN

TEIG

70 g Butter
70 g Birkenzucker
1 Ei
150 g Dinkelmehl
1 MS Backpulver

TOPFENFÜLLE

70 g Butter
200 g Birkenzucker
1 Pkg. Vanillezucker
2 Eier
1 Pkg. Vanillepudding
500 g Topfen (oder Frischkäse)
500 ml Milch

DEKO

100 g Heidelbeeren
gemahlener Birkenzucker

ZUBEREITUNG

· Für den Teig zimmerwarme Butter und Birkenzucker (Tipp S. 106) schaumig rühren, Ei dazu und weiterrühren, dann Mehl und Backpulver unterheben. In eine Tortenform (Ø 26 cm) drücken, dabei den Rand ein wenig hochziehen.

· Für die Fülle Butter, Birken- und Vanillezucker sowie die Eier gut verrühren. Dann die restlichen Zutaten dazugeben und verrühren. Auf den Teig in der Tortenform füllen und bei 160 °C (Ober-/Unterhitze) ca. 50 Minuten backen.

· Den ausgekühlten Kuchen mit Heidelbeeren lose verzieren, abschließend mit Birkenzucker bestreuen. Im Sommer lässt sich der Kuchen auch köstlich mit anderen frischen Früchten »aufpeppen«.

Lassen Sie den Kuchen nach dem Backen ca. 3 Stunden rasten, bevor Sie ihn aus der Form nehmen, damit die Topfenmasse Zeit hat, kompakt und fest zu werden.

Zucchinikuchen

ZUTATEN

TEIG

4 Eier
250 g Butter
250 g Birkenzucker
250 g Dinkelmehl
1 Pkg. Backpulver
120 g geriebene Nüsse
100 g geriebene Schokolade
200 g geriebene Zucchini

GLASUR

Marillenmarmelade
Schokoglasur

ZUBEREITUNG

- Für den Teig Eier trennen. Zimmerwarme Butter und Birkenzucker (Tipp) schaumig rühren. Eidotter einzeln unterrühren und Teig mit den restlichen Zutaten (außer Eiklar) unterheben. Aus Eiklar Schnee schlagen und vorsichtig der Masse unterheben.
- Auf ein mit Backpapier ausgelegtes Backblech streichen und im vorgeheizten Backrohr bei 170 °C (Ober-/Unterhitze) ca. 30 Minuten backen. Auskühlen lassen.

- Nach dem Auskühlen den Kuchen mit Marillenmarmelade bestreichen und mit über dem Wasserbad erwärmter Schokoglasur überziehen. Erneut auskühlen lassen, abschließend in Quadrate (ca. 4 x 4 cm) schneiden.

Birkenzucker (Xylit) eignet sich übrigens hervorragend zum Backen und hat weniger Kalorien als herkömmlicher Industriezucker. Darüber hinaus beeinflusst er den Blutzucker kaum und wird im Körper nahezu insulinfrei abgebaut. Sie können bei jedem meiner Rezepte die Zuckermenge um 10–15 Prozent reduzieren, falls Sie Ihre Bäckereien weniger süß haben möchten.

Schoko-Birnen-Kuchen

ZUTATEN

TEIG

5 Eier
200 g dunkle Schokolade
120 g Butter
150 g Staubzucker
150 g geriebene Mandeln
1 EL Maismehl
1 EL Kristallzucker
1 Prise Salz

BELAG

200 g Birnen
50 g Himbeeren
1 EL Kristallzucker

ZUBEREITUNG

- Für den Teig Eier trennen. Schokolade über einem Wasserbad schmelzen. Die zimmerwarme Butter (Tipp S. 102) mit Staubzucker und der ausgekühlten Schokolade mit einem Mixer gut verrühren. 5 Dotter hinzufügen und schaumig rühren. Anschließend mit einem Kochlöffel Mandeln und Maismehl einrühren.
- Eiklar mit Kristallzucker und einer Prise Salz zu sehr steifem Schnee schlagen und unterheben.
- Masse in eine mit Backpapier ausgelegte Tortenform (Ø 26 cm) füllen.

- Für den Belag die Birnen waschen, in gleichmäßige Spalten schneiden und auf der Teigmasse verteilen. Im vorgeheizten Backrohr bei 180 °C (Ober-/Unterhitze) ca. 30 Minuten backen. Auskühlen lassen.
- Teig aus dem Backrohr nehmen, Himbeeren und Kristallzucker auf dem Kuchen verteilen und noch einmal 10 Minuten backen.

Dieser glutenfreie Kuchen ist auch für Allergiker gut verträglich.

Rhabarberkuchen

ZUTATEN

TEIG

10 Eier
500 g Butter
500 g Staubzucker
Abrieb einer unbehandelten Zitrone
15 g Vanillezucker
1 Prise Salz
500 g Weizenmehl (Universal)
500 g Rhabarber

ZUBEREITUNG

- Für den Teig die Eier trennen. Zimmerwarme Butter (Tipp S. 102) mit Zitronenschale, Staub- und Vanillezucker mit einem Mixer schaumig rühren, dann die Dotter dazugeben. Eiklar mit einer Prise Salz fest schlagen, anschließend abwechselnd Teile des Eischnees und des Mehls vorsichtig unter die Masse heben.

- Rhabarber waschen, schälen und in gleichmäßige Stücke schneiden.
- Masse auf ein mit Backpapier ausgelegtes Backblech (ca. 30 x 40 cm) aufstreichen, dicht mit den Rhabarberstücken belegen und im vorgeheizten Backrohr bei 160–180 °C (Ober-/Unterhitze) ca. 35 Minuten backen.

Dieser Kuchenteig ist eine gute Grundlage für jede Art von Obstkuchen. Einfach probieren und saisonal variieren!

Schoko-Mandel-Roulade

ZUTATEN

TEIG
7 Eier
200 g Staubzucker
100 g Kuvertüre
30 g Butter
50 g geriebene Mandeln
1 EL Maizena/Maisstärke

CREME
250 ml Schlagobers
1 EL Sahnesteif

DEKO
Staubzucker

ZUBEREITUNG

- Schokolade und Butter über Wasserbad zergehen lassen. Eier trennen. Anschließend Dotter und 1/3 des Staubzuckers schaumig rühren. Zerlassenes Schoko-Butter-Gemisch dazugeben.
- Aus dem Eiweiß und dem restlichen Staubzucker Eischnee schlagen.
- Danach beides vorsichtig zusammenmischen. Mandeln und Maizena mit Löffel vermischen und ebenfalls vorsichtig unterheben.
- Masse auf ein mit Backpapier belegtes Blech aufstreichen und im vorgeheizten Backrohr bei 200 °C (Ober-/Unterhitze) ca. 10–12 Minuten backen. Teig leicht auskühlen lassen.

- Schlagobers mit Sahnesteif aufschlagen. Teig mit Oberscreme bestreichen und zu einer Roulade rollen. In Stücke schneiden und mit Staubzucker anzuckern.

»BEI UNS WAR ES IMMER TRADITION, DASS SONNTAGS DIE GANZE FAMILIE BEI KAFFEE UND KUCHEN ZUSAMMENSITZT.«

ANDREA DEUTSCH

»MIR KOMMT VOR, DASS DER TREND WIEDER ZUM TRADITIONELLEN ZURÜCKGEHT, JETZT SIND AUCH GUGELHUPF ODER STRUDEL WIEDER NACHGEFRAGT, DAS WAR EINE ZEIT LANG NICHT SO.«

ALOISIA BISCHOF

Uhudler-Rehrücken

ZUTATEN

TEIG

3 Eier
150 g Butter/Margarine
100 g Staubzucker
1 Pkg. Vanillezucker
50 g Kristallzucker
75 g Schokoraspel
125 g glattes Weizenmehl
1/4 Pkg. Backpulver
40 g geriebene Nüsse (oder Mandeln)
1 EL Kakaopulver
1/2 TL Zimt
70 ml Uhudler-Wein

Butter zum Befetten der Form
3 EL Marillenmarmelade zum Bestreichen

GLASUR

200 g Schokoladekuvertüre
10 g Kokosfett
1 Rippe Milchschokolade

ZUBEREITUNG

- Für den Teig die Eier trennen. Zimmerwarme Butter mit Staub- und Vanillezucker schaumig schlagen, nach und nach Dotter zugeben.
- Eiklar mit Kristallzucker in einer sauberen Schüssel zu festem Eischnee schlagen.
- Schokoraspel unter die Dottermasse rühren, danach Mehl, Backpulver, Nüsse, Kakaopulver und Zimt vermischen und abwechselnd mit dem Uhudler unter die Dottermasse mengen.
- Abschließend den Eischnee vorsichtig unterheben.
- Masse in eine befettete Rehrückenform füllen und im vorgeheizten Backrohr bei 180 °C (Ober-/Unterhitze) ca. 30–35 Minuten backen. Etwa 1 Stunde auskühlen lassen, Kuchen aus der Form stürzen, dann mit glatt gerührter Marillenmarmelade bestreichen (aprikotisieren).

- Für die Glasur Schokoladenkuvertüre über dem Wasserbad schmelzen lassen, mit Kokosfett vermengen und glatt rühren. Kuchen damit glasieren, dann 10 Minuten antrocknen lassen.
- Milchschokolade ebenfalls schmelzen lassen und Rehrücken abschließend auch damit verzieren.

Um zu sehen, ob der Teig schon durch ist, einfach mit einer Stricknadel hineinstechen. Bleibt noch etwas Teig kleben, dann braucht der Kuchen noch ein wenig Backzeit im Ofen.

Orangenschnitten

ZUTATEN

RÜHRTEIG

6 Eier
300 g Margarine
300 g Staubzucker
1 TL Vanillezucker
Schale von 1/2 unbehandelten Zitrone
Schale einer unbehandelten Orange
300 g glattes Bioweizenmehl
1 1/2 TL Backpulver
2 Orangen

GLASUR

450 g Staubzucker
Saft von 2 Zitronen
1 Schuss Milch

ZUBEREITUNG

- Für den Rührteig die Eier trennen. Margarine, Staubzucker, Vanillezucker und Dotter schaumig rühren. Orangen- und Zitronenschale abreiben und dazugeben. Mehl mit Backpulver vermischen und unterrühren. Eiklar zu Schnee schlagen und vorsichtig unterheben.
- Die Masse auf ein mit Backpapier ausgelegtes Blech streichen und im vorgeheizten Backrohr bei 175 °C (Ober-/Unterhitze) ca. 30 Minuten backen. In der Zwischenzeit den Saft von zwei Orangen auspressen, abseihen und am Ende der Backzeit gleichmäßig über den noch warmen Kuchen gießen.

- Für die Glasur Staubzucker mit dem ebenfalls gesiebten Zitronensaft und einem Schuss Milch verrühren. Den Kuchen damit glasieren. Nach dem Festwerden der Glasur in kleine Schnitten (ca. 2 x 4 cm) schneiden.

Sie können Vanillezucker einfach selber herstellen: 2–3 Vanilleschoten der Länge nach aufschneiden und in ein Glas mit ca. 1/2 kg Biokristallzucker stecken. Ca. 14 Tage stehen lassen, damit der Zucker den Geschmack der Vanilleschote annimmt. So erhalten Sie eine tolle Alternative zum Vanillinzucker (= Ersatzprodukt der echten Vanilleschote). Sie können die Schoten übrigens mehrmals verwenden, weil sie ihren intensiven Geruch lange behalten.

Esterházyeckerl

ZUTATEN

TEIG
3 Eiklar
75 g Kristallzucker
1/2 Pkg. Vanillezucker
75 g geriebene Haselnüsse
Saft von 1/2 Zitrone
15 g glattes Weizenmehl

CREME
1/8 l Milch
1/2 Pkg. Vanillepuddingpulver
100 g Butter
75 g Staubzucker
1 Pkg. Vanillezucker

ZUCKERGLASUR
3 EL Milch
125 g Puderzucker
Kuvertüre (Bitterschokolade)

ZUBEREITUNG

- Eiklar, Zucker und Vanillezucker zu Schnee steif schlagen. Haselnüsse rösten. Gemeinsam mit Mehl und Zitronensaft vorsichtig unterheben.
- Masse auf ein mit Backpapier belegtes Blech dünn aufstreichen. Im vorgeheizten Backrohr bei 170 °C (Heißluft) ca. 8–10 Minuten hell backen. Noch in heißem Zustand in drei gleich große Teile schneiden.

- Für die Creme zuerst den Pudding anrühren: Milch aufkochen, Puddingpulver einrühren und auskühlen lassen. Butter, Staub- und Vanillezucker schaumig schlagen und den erkalteten Pudding hinzufügen.

- Den ersten Teil des Teiges als Schnittenboden mit der Creme bestreichen. Die zweite Teigschnitte aufsetzen, wieder mit Creme bestreichen und mit der dritten Schnitte abschließen.

- Für die Zuckerglasur Milch erwärmen (nicht aufkochen!) und Zucker darin auflösen. Gleichzeitig die Kuvertüre erhitzen.
- Glasur auf die Teigschnitten auftragen. Anschließend die Kuvertüre in regelmäßigen Streifen aufdressieren. Mit einer Stricknadel Muster ziehen.
- Auskühlen lassen und abschließend in kleine Streifen (ca. 1,5 x 3 cm) schneiden.

MICHAELA GERSTL

Szalagari (Hirschhornschnitten)

ZUTATEN

TEIG

125 ml Milch
30 g Hirschhornsalz
600 g glattes Weizenmehl
150 g Margarine
100 g Staubzucker
1 Prise Salz
2 Eier

PUDDINGFÜLLE

750 ml Milch
300 g Kristallzucker
3 EL griffiges Weizenmehl
2 EL Kakaopulver
1 Pkg. Schokopudding
1 Pkg. Vanillezucker
60 g Teebutter

SCHOKOGLASUR

200 g Schokoladenkuvertüre
100 g Kokosfett

ZUBEREITUNG

- Für den Teig die Milch lauwarm erwärmen und Hirschhornsalz darin auflösen. Zusammen mit den restlichen Zutaten zu einem Teig kneten. Auf 6 Teile aufteilen, jeweils fingerdick auswalken, auf ein mit Backpapier ausgelegtes Backblech setzen und im vorgeheizten Backrohr bei 180 °C (Ober-/ Unterhitze) ca. 10–12 Minuten goldbraun backen.

- Für die Puddingfülle die Milch mit dem Kristallzucker aufkochen. 250 ml der aufgekochten Milch mit Mehl, Kakaopulver und Schokopudding verrühren, dann diese Masse in die restliche aufgekochte Milch einrühren. Nochmals kurz aufkochen lassen. Anschließend Vanillezucker und Butter dazugeben und gut verrühren.
- Puddingfülle noch heiß auf die erste Teigschicht auftragen, zweites Teigblatt darauflegen, wieder Pudding auftragen, drittes bis sechstes Teigblatt in derselben Weise dazu. Mit Teigschicht abschließen.

- Für die Glasur die Schokoladenkuvertüre mit dem Kokosfett über einem Wasserbad schmelzen lassen und glatt rühren. Danach die Schnitte überziehen. Trocknen lassen, dann nach Belieben in Schnitten schneiden.

Hirschhornsalz ist ein sehr effizientes Backtriebmittel und wird tatsächlich aus Hirschgeweih gewonnen.

»ICH BACKE NEBEN
DEN HOCHZEITEN
HAUPTSÄCHLICH FÜR DEN
BAUERNMARKT – UND
MEISTENS FÜR DIE LEUTE
AUS DER UMGEBUNG.«
KARIN LOSERT

Topfen-Streusel-Schnitten

ZUTATEN

STREUSELTEIG

600 g glattes Weizenmehl
380 g Butter/Margarine
300 g Staubzucker
$1/2$ TL Zimt
1 Prise Salz

TOPFENCREME

250 g Butter/Margarine
200 g Staubzucker
1 Pkg. Vanillezucker
Abrieb von 1 unbehandelten Zitrone
3 Eier
500 g magerer Speisetopfen
250 g Naturjoghurt
1 Pkg. Vanillepuddingpulver

DEKO

1-2 Dosen Pfirsiche (je 850 ml)
Staubzucker zum Bestreuen

ZUBEREITUNG

· Für den Streuselteig alle Zutaten mit der Küchenmaschine oder dem Handrührgerät (Paddel oder Knethaken) zu Streuseln verarbeiten.

· Für die Topfencreme Butter, Zucker, Vanillezucker und Zitronenschale cremig mixen. Eier einzeln unterrühren, dann Topfen, Joghurt und Puddingpulver einarbeiten.

· Für die Fertigstellung in einem gefetteten Backblech (Fettpfanne, ca. 30 x 40 cm mit erhöhtem Rand) $2/3$ des Streuselteiges als Boden andrücken. Dosenpfirsiche abtropfen lassen, in Spalten schneiden und auf dem Streuselboden gleichmäßig verteilen. Topfenmasse über die Pfirsiche geben und glatt streichen.
· Restlichen Streuselteig locker darauf verteilen. Im vorgeheizten Backrohr bei 200 °C (Ober-/Unterhitze) ca. 45-50 Minuten goldgelb backen. Etwa 1 Stunde auskühlen lassen.
· Vor dem Servieren mit Staubzucker bestreuen.

Statt Pfirsichen können Sie – je nach Belieben – auch Marillen verwenden.

Birne-Maraschino-Schnitten

ZUTATEN

TEIG HELL

4 Eier
100 g Kristallzucker
110 g glattes Weizenmehl
1 TL Vanillezucker
Abrieb von 1/2 unbehandelten Zitrone

TEIG DUNKEL

7 Eier
200 g Kristallzucker
190 g glattes Weizenmehl
1 TL Vanillezucker
20 g Kakaopulver

CREME

1 l Milch
140 g Kristallzucker
40 g Vanillepuddingpulver
2 Dotter
530 g Butter
270 g Kokosfett
30–40 g Kakaopulver
3–4 EL Schokosauce
Maraschino

FÜLLE & DEKO

Birnensaft
Läuterzucker
Maraschino
Waldbeermarmelade
eingelegte Birnenstücke
zartbittere Kuvertüre

ZUBEREITUNG

- Für den hellen Teig Eier trennen. Ein Drittel des Zuckers mit den Dottern schaumig rühren, restlichen Zucker mit Eiklar zu steifem Schnee schlagen. Beide Massen vorsichtig vermengen. Mehl, Zitronenabrieb und Vanillezucker darunterheben.
- Backblech mit Backpapier auslegen, die Masse ca. 1,5 cm dick aufstreichen. Im vorgeheizten Backrohr (Umluft) bei 180 °C ca. 15 Minuten backen.
- Den dunklen Teig wie die helle Masse zubereiten, statt Zitronenabrieb Kakaopulver unterheben.

- Für die Creme 3/4 l Milch mit Zucker aufkochen lassen. Restliche Milch mit Puddingpulver und Dottern klumpenfrei verrühren. In die heiße Milch einrühren und noch einmal aufkochen lassen. Vom Herd nehmen, Butter sowie Kokosfett beigeben und auflösen lassen.
- In warmem Zustand mit dem Pürierstab ca. 7 Minuten emulgieren (miteinander vermengen).
- Anschließend Kakaopulver, Schokosauce und Maraschino zu einer dickflüssigen Masse verrühren. Mit 3/4 der Schlagcreme zu einer Schokocreme vermengen.
- Beide Cremen mind. 24 Stunden im Kühlschrank kalt stellen. Danach mit dem Handmixer aufschlagen.
- Erkalteten hellen Teig der Breite nach in zwei gleich große Streifen schneiden, mit Marmelade bestreichen.
- Erkalteten dunklen Teig der Breite nach in vier gleich große Streifen schneiden. Zwei davon auf die hellen Teigstreifen legen, mit einer Mischung aus Birnensaft, Läuterzucker (siehe Tipp S. 128) und Maraschino tränken und mit Marmelade bestreichen. Schokocreme ca. 1,5 cm dick auftragen und mit Birnenstücken belegen.
- Die übrigen dunklen Teigstreifen darauflegen, mit heller Schlagcreme bestreichen und dekorative Verzierung spritzen. Kuvertüre im Wasserbad flüssig werden lassen und über die Verzierung träufeln.

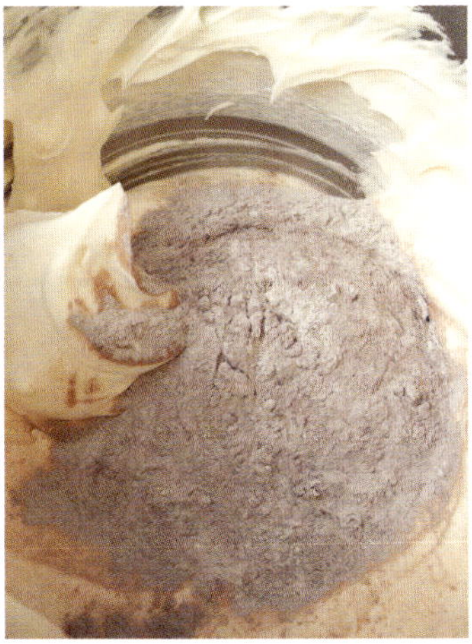

Stefanieschnitten

ZUTATEN

TEIG

6 Eier
180 g Staubzucker
180 g geriebene Haselnüsse
100 g glattes Weizenmehl

CREME & DEKO

125 g Kochschokolade
60 g Staubzucker
125 g Margarine
Haselnusskrokant
evtl. Schlagobers

ZUBEREITUNG

- Für den Teig alle Zutaten verrühren. Anschließend dünn auf ein mit Backpapier belegtes Backblech aufstreichen und im vorgeheizten Backrohr bei 170 °C (Ober-/ Unterhitze) ca. 30 Minuten backen.
- Auskühlen lassen und in vier gleich große Teile schneiden.

- Für die Creme die Schokolade über Wasserbad weich werden lassen, dann mit Zucker und Margarine verrühren.
- Drei Teigschnitten mit Schokocreme bestreichen und aufeinanderstapeln, die letzte Teigschicht obenauf legen und die ganze Schnitte mit dem Großteil der Schokocreme überziehen (etwas für Deko beiseitegeben).

- DEKO: Mit Haselnusskrokant bestreuen und mit der restlichen Creme oder etwas Schlagobers verzieren.

Damit die Schnitte saftiger wird, kann man Läuterzucker (eine Mischung aus warmem Wasser und darin aufgelöstem Zucker) auf die Teigschichten träufeln.

BARBARA MAUROVITS

»MANCHMAL ÄNDERE ICH AUCH REZEPTE NACH MEINEN VORSTELLUNGEN AB, WIE MIR IRGENDWAS NICHT PASST. ICH DENK MIR: WAS MAN IMMER HAT, DAS KENNT MAN EH, DARUM PROBIERE ICH SELBER GERN WAS AUS.«
BARBARA MAUROVITS

Himmlische Schnitten

ZUTATEN

TEIG

300 g Butter
250 g Staubzucker
6 Eier
300 g glattes Weizenmehl
1 TL Backpulver
50 ml Milch
350 g Staubzucker
Mandelsplitter oder -stifte

FÜLLE

2 Becher Schlagobers (à 250 ml)
Saft einer Zitrone
1 Becher Sauerrahm (à 250 ml)
100 g Staubzucker
1 Pkg. Vanillezucker

ZUBEREITUNG

- Für den Teig Eier trennen. Geschmolzene Butter, Zucker, Dotter, Mehl und Backpulver mit etwas Milch zu einem Teig verarbeiten: Dieser soll schwer reißend vom Rührbesen fallen, sich aber noch gut verstreichen lassen. Den Teig dünn auf zwei mit Backpapier ausgelegte Backbleche streichen.
- Eiklar mit Staubzucker zu Eischnee aufschlagen, auf beiden Blechen auf die Teigunterlage streichen, mit den Mandelsplittern oder -stiften bestreuen.
- Im vorgeheizten Backrohr bei 175 °C (Ober-/Unterhitze) alles ca. 20–25 Minuten backen. Ein Blech aus dem Backrohr nehmen, das zweite Blech noch weitere 5 Minuten bei gleicher Hitze weiterbacken. Auskühlen lassen.

- Für die Fülle Schlagobers schlagen, zuerst Zitronensaft und Sauerrahm, dann Staub- und Vanillezucker unterrühren.

- Die Creme auf den kürzer gebackenen Teig streichen, den anderen als Oberteil vorsichtig darauflegen. Nach Belieben in Schnitten schneiden.

Frucht-Schokokuss-Schnitten

ZUTATEN

BISKUITTEIG

5 Eier
200 g Staubzucker
125 ml Wasser
250 g Weizenmehl (Universal)
125 ml Öl
Butter & Mehl für die Form

FRUCHTMASSE

2 Pkg. Vanillepuddingpulver
250 ml Erdbeersaft
500 g passierte Himbeeren
50 g Staubzucker

SCHOKOKUSSMASSE

2 Becher Schlagobers (à 250 ml)
1 Pkg. Qimig (Schlagobersbasis mit Gelatine)
100 g Puderzucker
1 Pkg. Vanillezucker
1 Pkg. Schokoküsse

DEKO

50 g Kochschokolade (ca. 1 Rippe)
1 Handvoll Himbeeren

ZUBEREITUNG

- Für den Biskuitteig Eier trennen. Eiklar zu einem steifen Schnee schlagen. Dotter und Zucker schaumig rühren, Wasser und Mehl langsam dazurühren. Anschließend den Eischnee vorsichtig der Masse unterheben und zuletzt das Öl langsam einrühren.
- Teig in eine befettete und bemehlte Backform (30 x 40 cm) streichen und im vorgeheizten Rohr bei 180 °C (Ober-/Unterhitze) ca. 30 Minuten backen. Auskühlen lassen.

- Für die Fruchtmasse aus Puddingpulver, Erdbeersaft, Himbeeren und Zucker einen Pudding zubereiten. Kurz auskühlen lassen und noch warm auf den Teig auftragen.

- Für die Schokokussmasse Schlagobers steif schlagen. Qimig glatt rühren und Puder- und Vanillezucker sowie die Schokoküsse ohne Boden einrühren. Anschließend Schlagobers unterheben und die Creme auf die inzwischen feste Fruchtmasse streichen.

- Als Abschluss Kochschokolade über den Kuchen raspeln, mit Himbeeren garnieren.

»DER ›TEIL‹ IST EIN TELLER MIT MEHLSPEISEN DRAUF, EINE TORTE UND EIN STÜCK VOM ›HOCHZEITS-BEUGL‹, DAS ES BEI UNS IM BURGENLAND AUCH NOCH GIBT.«

CHRISTL HUBER

»UND WAS ES, GLAUB ICH, AUCH NUR BEI UNS GIBT: JEDER, DER BRAUTSCHAUEN KOMMT, KRIEGT EIN STÜCK GUGELHUPF IN DIE HAND GEDRÜCKT. DA IST DANN MEISTENS DAS GANZE DORF AUF DEN BEINEN …«

KARIN PREINER

Brioche-Früchte-Zopf

ZUTATEN

GERMTEIG

150 g Margarine/Butter
200 g Milch
1 Prise Salz
80 g Kristallzucker
1 Ei und 4 Dotter
2 Pkg. Trockengerm
1 EL Rum
600 g glattes Weizenmehl

FÜLLE

150 g in Rum eingeweichte Rosinen
150 g Aranzini
150 g Zitronat

DEKO

1 Ei
Hagelzucker

ZUBEREITUNG

- Für den Germteig Margarine/Butter erweichen. Mit gut handwarmer Milch (ca. 35 °C), Salz, Zucker, Ei, Dotter, Germ und Rum mit einem Schneebesen verrühren. Dann mit Mehl zu einem glatten Teig verarbeiten. Mindestens 45 Minuten mit einer Frischhaltefolie zugedeckt rasten lassen (damit der Teig nicht austrocknet).
- Teig in 4 Teile teilen (ca. je 30 g). Jeweils flach drücken, Rosinen, Aranzini und Zitronat in der Mitte einarbeiten. Mit den Händen zu dünnen »Zöpfen« (Strängen) rollen.
- Alle 4 Stränge mit den Spitzen oben in einem Dreieck anordnen (siehe Foto), Enden zusammendrücken.
- Dann Zopf 2 über Zopf 4 legen, Zopf 1 über 2, Zopf 3 über 1, Zopf 4 über 3, wieder Zopf 2 über Zopf 4 usw. Zum Schluss Enden zusammendrücken, noch einmal 30 Minuten gehen lassen.

- Mit verquirltem Ei bepinseln, mit Hagelzucker bestreuen. Im vorgeheizten Backrohr bei 180 °C (Ober-/Unterhitze) ca. 14 Minuten goldbraun backen.

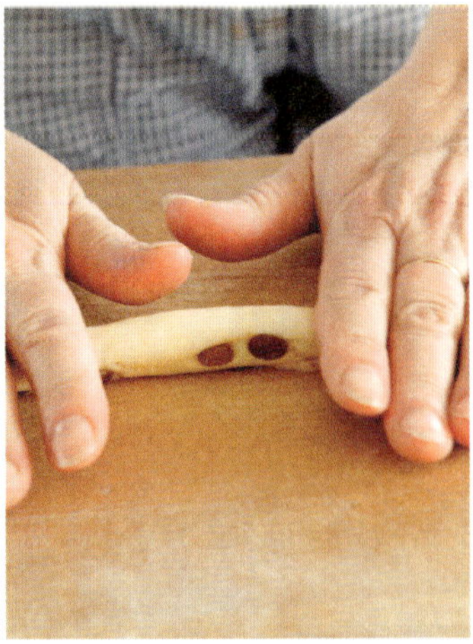

ANDREA SALMHOFER

3
2
4
1

Hochzeitsstrudel

ZUTATEN

TEIG

1000 g glattes Weizenmehl
150 g Staubzucker
330 g Butter (Schmalz)
200 g Dotter
66 g Germ
250 g Rahm

100 g Ribiselmarmelade

NUSSFÜLLE

300 g Eiklar
500 g Kristallzucker
500 g geriebene Nüsse

DEKO

ev. Schokoladeglasur

ZUBEREITUNG

- Aus allen Zutaten einen Teig kneten. Anschließend in drei bis vier Teile teilen und diese auswalken.
- Die einzelnen Teile mit Ribiselmarmelade bestreichen und von links und rechts wie einen Strudel einrollen.

- Aus Eiklar, Zucker und Nüssen eine Fülle mixen. Diese in einen Spritzsack mit großer Sterntülle füllen und in die Mitte der Strudel spritzen.
- Im vorgeheizten Backrohr bei 200 °C (Ober-/Unterhitze) ca. 20 Minuten backen.
- Eventuell mit Schokoladeglasur verzieren.

Süßer Grammelstrudel

ZUTATEN

TEIG

2 EL Milch
20 g Germ
1 TL Kristallzucker
300 g griffiges Weizenmehl
200 g Grammeln
60 g Staubzucker
1 Dotter
2 EL Sauerrahm
1 Prise Salz

FÜLLE

500 g säuerliche Äpfel (ca. 3–4 Stück)
50 g Kristallzucker (nach Geschmack bzw. Säure der Äpfel)
2 TL Zimt
50 g Rosinen

DEKO

1 Ei zum Bestreichen
Staubzucker zum Bestreuen

ZUBEREITUNG

- Für den Teig lauwarme Milch, Germ, Zucker und 1 EL Mehl zu einem Dampfl verrühren und ca. 20 Minuten gehen lassen. Grammeln faschieren oder im Blitzhacker (Küchenmaschine) fein zerkleinern (die Masse sollte cremig fett sein).
- Restliches Mehl, Staubzucker, Dotter, Sauerrahm, Salz, Grammeln und das schön aufgegangene Dampfl zu einem mittelfesten Teig verarbeiten.
- Teig auf einer bemehlten Fläche zu einem Rechteck ausrollen (ca. 1 cm dick) und von der Seite her zweifach einschlagen. 10 Minuten rasten lassen, noch einmal ausrollen und erneut zweifach einschlagen. Wieder 10 Minuten rasten lassen.

- Äpfel schälen und blättrig schneiden oder hacheln (hobeln).
- Teig auf einem Bogen Backpapier ausrollen (ca. 7 mm dick, in der Größe des Blechs) und auf das Backblech ziehen. Die Hälfte der Äpfel in der Mitte des Teiges verteilen, mit der Hälfte von Zucker, Zimt und Rosinen bestreuen. Die zweite Hälfte der Äpfel darauf verteilen, Rest von Zucker, Zimt und Rosinen darüberstreuen.
- Eine Längsseite des Teiges mithilfe des Backpapiers über etwas mehr als die Hälfte der Apfelfülle schlagen und den oberen Teigrand mit etwas verquirltem Ei bestreichen. Entlang der zweiten Längsseite des Teiges im Abstand von 2 cm mit einem Messer etwa 2–3 cm lange Einschnitte machen und diese eingeschnittene Teigseite über den zweiten Teil der Apfelfülle schlagen (die Einschnitte liegen oben in der Mitte). Jeden zweiten Einschnitt zurückschlagen, sodass ein Muster entsteht (siehe Foto). Die Enden des Strudels fest zusammendrücken, damit nichts ausläuft.
- Den Strudel mit dem Rest des verquirlten Eis bestreichen und im vorgeheiztenBackrohr bei 200 °C (Ober-/Unterhitze) ca. 20 Minuten backen. Vor dem Anschneiden mit Staubzucker bestreuen.

Mohnblume

ZUTATEN

GERMTEIG

680 g Weizenmehl (Universal)
90 g Margarine
20 g Germ
250 ml Milch
2 Eier
90 g Staubzucker
1 Prise Salz
1 EL Öl

FÜLLE

250 g Mohn
200 g Staubzucker
30 ml Wasser
3–4 EL Rum (nach Geschmack)

½ Dotter zum Bestreichen

ZUBEREITUNG

- Für den Germteig Mehl mit der zimmerwarmen Margarine verarbeiten. Germ in lauwarmer Milch auflösen, mit Eiern verquirlen, Staubzucker, Salz und Öl in die Masse einrühren. Rasch zu einem glatten Teig verarbeiten. An einem warmen Ort in einer Schale zugedeckt etwa auf doppelte Größe aufgehen lassen (ca. 1–1,5 Stunden).
- Für die Fülle alle Zutaten gut verrühren.

- Germteig in drei gleich große Teile schneiden und alle Teile kreisförmig ausrollen. Die erste Teigportion auf Backpapier legen und die Hälfte der Mohnmasse darauf verteilen, zweiten Teigteil darauflegen, wieder Mohnmasse aufstreichen und mit dem dritten Teigkreis abdecken.
- In die Mitte des Teigkreises ein Glas setzen. Mit einem Pizzaroller den Teig sternförmig in 16 gleiche Teile teilen (etwas Abstand zum Glas halten). Die einzelnen Teile jeweils 2–3 Mal eindrehen und jeweils 2 Enden miteinander verbinden.

- Das Backpapier mit der Mohnblume auf ein Backblech heben. Mit etwas verquirltem Dotter bestreichen und im vorgeheizten Rohr bei 180 °C (Ober-/Unterhitze) ca. 20–25 Minuten backen.

GABRIELE NOVAK

Mohnbeugel

ZUTATEN

GERMTEIG

350 g glattes Weizenmehl
80 g Butter
1 Pkg. Trockengerm
200 ml Milch
1 Dotter
80 g Kristallzucker
1–2 EL Rum
Abrieb von 1/2 unbehandelten Zitrone
1 TL Vanillezucker

FÜLLE

125 ml Milch
50 g Kristallzucker
1 TL Vanillezucker
50 g Rosinen
1 EL Honig
100 g geriebener Mohn
1–2 EL Rum

DEKO

1/2 Dotter
evtl. Staubzucker

ZUBEREITUNG

- Für den Germteig Mehl mit der zerlassenen Butter verarbeiten. Germ in lauwarmer Milch auflösen, mit Dotter verquirlen, Kristallzucker einrühren und dann Rum, Zitronenabrieb und Vanillezucker der Masse beifügen. Rasch zu einem glatten Teig verarbeiten.
- An einem warmen Ort in einer Schale zugedeckt etwa auf doppelte Größe aufgehen lassen (ca. 1–1,5 Stunden).

- Für die Fülle Milch, Zucker, Vanillezucker, Honig und Rosinen aufkochen. Mohn und Rum beimengen und auskühlen lassen.

- Den Germteig auf einem Brett etwa fingerdick rechteckig auswalken. Fülle aufstreichen und zu einem Beugel (Strudel) rollen. Anschließend die Oberseite mit verquirltem Eidotter bestreichen.
- Auf ein mit Backpapier ausgelegtes (oder befettetes) Backblech legen und im vorgeheizten Backrohr bei 160–165 °C (Ober-/Unterhitze) ca. 45–50 Minuten backen. Auf Wunsch mit Staubzucker bestreuen.

Beugel sind ein typisch burgenländisches Germgebäck, das auch bei Hochzeiten gerne serviert wird.

BARBARA MAUROVITS

zum Feiern

TORTEN

Was ist bei einer Hochzeit wichtiger als die Hochzeitstorte? Vom feierlichen Anschneiden des immer prächtig herausgeputzten süßen Wunders über das gemeinsame Verteilen durch das Brautpaar bis zum anschließenden Genießen – wo auch immer sich nach üppigem Abend noch ein Stückerl Platz für das Stückerl Torte findet. In manchen Gemeinden des schönen Burgenlandes ist es übrigens Brauch, dass die Gäste zur Feier eine eigene Torte für die Brautleute mitnehmen. Damit nur ja nicht zu wenig da ist am Ende der Hochzeit, wenn es darum geht, jeder und jedem etwas mit auf den Weg nach Hause zu geben als kleines Dankeschön für den Besuch …

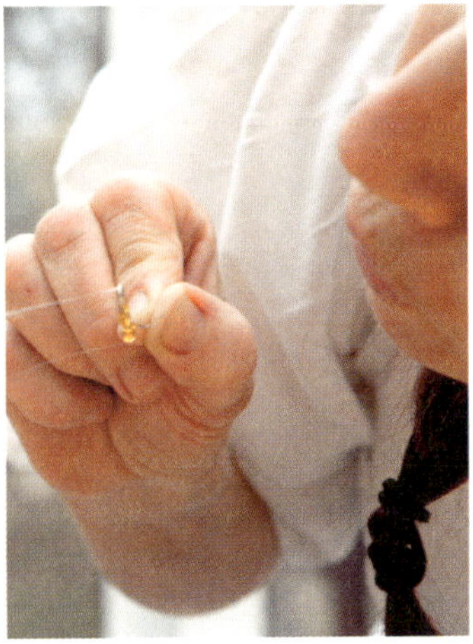
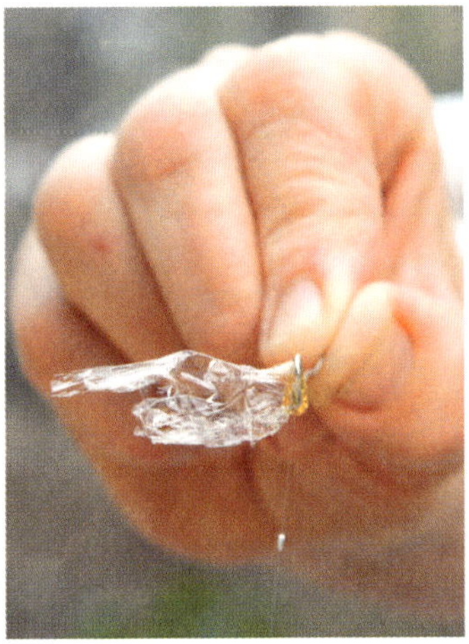

Um den Zucker zu »spinnen«, diesen mit etwas Wasser zum Kochen bringen und köcheln lassen, bis sich bei der Probe mit einer Nadel oder Gabel (siehe Fotos oben) der »Kettenflug« bildet. Dann hat die Zucker-Wasser-Lösung die richtige Konsistenz für die Schneehaube.

Seewinkler Torte

ZUTATEN

BISKUITTEIG VANILLE & SCHOKO

6 Eier
6 EL Kristallzucker
1 Pkg. Vanillezucker
6 EL Einkorn-Vollmehl
1 EL Kakaopulver

FRÜCHTEPUDDING

ca. 360 ml Weichselkompott (Weichseln & Saft)
250 g Himbeeren
50 g Kristallzucker
1 Pkg. Vanillepuddingpulver
etwas Rotwein
10 g Gelatinepulver

WEINCREME

500 ml Schlagobers
180 ml Weißwein
Saft und Abrieb einer unbehandelten Zitrone
30 g Kristallzucker
5 Eidotter
10 g Gelatinepulver

SCHNEEHAUBE

3 Eiklar
210 g Kristallzucker
3–5 EL Wasser

ZUBEREITUNG

- Für den Biskuitteig 2 Tortenreifen (Ø 24 cm) mit Backpapier vorbereiten. Eier trennen, Eiklar mit Kristall- und Vanillezucker zu einem festen Schnee schlagen. Der Masse Dotter und Mehl unterheben. Ca. die Hälfte der Masse in den ersten Tortenreifen füllen, den Kakao der zweiten Hälfte des Teiges unterheben und diesen dann in den zweiten Reifen füllen.
- Helles und dunkles Biskuit im vorgeheizten Backofen bei 175 °C (Heiß-/Umluft) ca. 7 Minuten backen. In den Reifen abkühlen lassen.

- Für den Früchtepudding die Früchte mit Saft und Zucker zum Kochen bringen, das Puddingpulver mit etwas Rotwein anrühren und mit den Früchten mitkochen lassen. Vom Herd nehmen und Gelatinepulver unterrühren. Dann die Puddingmasse auf das Schokobiskuit gießen und im Reifen abkühlen lassen.

- Für die Weincreme zuerst Schlagobers schlagen, dann Weißwein, Zitrone, Zucker, Dotter und Gelatine über einem Wasserbad cremig schlagen. Creme kühl weiterschlagen, Schlagobers unterrühren.
- Weincreme auf den Früchtepudding im Reifen geben. Vanillebiskuit aus dem Tortenreifen schneiden und die Weincreme im Reifen damit abdecken. Torte mind. 3 Stunden kühl stellen.

- Für die Schneehaube Eiklar mit etwa 70 g Kristallzucker schaumig schlagen. Währenddessen den restlichen Zucker mit dem Wasser »spinnen« (Tipp), dann in die Eiklarmasse geben und weiter mixen.
- Die erkaltete Torte aus dem Reifen nehmen. Mit dem Eischnee oben und seitlich bestreichen. Mit einer gezackten Teigkarte ein Muster ziehen und zum Schluss den Schnee leicht flambieren.

Haustorte

ZUTATEN

BISKOTTEN

5 Eier
110 g Kristallzucker
1 Prise Salz
1 Pkg. Vanillezucker
140 g Dinkel-Vollmehl
etwas Staubzucker

VANILLEBISKUIT

6 Eier
6 EL Kristallzucker
6 EL Dinkel-Vollmehl

CREME

3 Blatt Gelatine
600 ml Schlagobers

FÜLLE & DEKO

1/2 Dose Birnen
60 ml Birnenschnaps
100 g Zartbitterschokolade
100 g Schlagobers

ZUBEREITUNG

- Für die Biskotten Eier trennen. Dotter mit 30 g Zucker, Salz und Vanillezucker schaumig schlagen. 4 Eiklar mit dem restlichen Zucker ebenso schaumig schlagen. Dem Eischnee die Dottermasse und das Mehl unterheben. Masse in einen Dressiersack füllen und biskottenförmige Stangerl spritzen. Im vorgeheizten Backofen bei 180 °C (Heiß-/Umluft) bei offener Tür (z. B. Kochlöffel einklemmen!) ca. 5 Minuten backen. Noch warm mit Staubzucker bestreuen.
- Für das Biskuit Eier trennen. Eiklar mit Zucker zu festem Schnee schlagen. Dotter und Mehl unterheben. Masse in eine mit Backpapier ausgelegte Springform (Ø 24 cm) füllen. Im vorgeheizten Backofen bei 175 °C (Heiß-/Umluft) ca. 7 Minuten backen. Auskühlen lassen. Anschließend die Torte aus der Form geben und in zwei gleich hohe Teile schneiden.
- Für die Creme Gelatineblätter aufweichen lassen. Schlagobers aufschlagen, einen Löffel davon zur Gelatine geben und verrühren. Danach die gesamte Schlagmasse in die Gelatinemasse rühren (nicht umgekehrt!).
- Ein paar Birnen weglegen, den Rest gut abtropfen lassen, in kleine Scheiben schneiden und beiseitestellen. Etwas Birnensaft aus der Dose mit dem Schnaps verrühren. Den ersten Tortenboden wieder in die Form geben und etwas Creme darauf verstreichen. Biskotten mit Birnensaft benetzen und damit die Cremeschicht belegen. Wieder Creme auftragen, mit geschnittenen Birnen auslegen und erneut Creme auftragen. So weiter verfahren, etwas Creme und Biskotten für die Deko aufheben. Torte mit dem zweiten Biskuitboden abdecken und mind. 2 Stunden kühl stellen.
- Schokolade mit dem Obers über Wasserbad verrühren. Die restlichen Biskotten eintunken und trocknen lassen.
  Gekühlte Torte aus dem Tortenring geben, mit der restlichen Creme einstreichen und mit Biskotten und Birnen verzieren. Abschließend evtl. etwas Schokoglasur in einen Spritzsack füllen und Muster aufdressieren.

Schwarzwälder Kirschtorte

ZUTATEN

TEIGMASSE

7 Eier
200 g Kristallzucker
190 g glattes Weizenmehl
20 g Kakaopulver
1 TL Vanillezucker

SCHLAGCREME

1 l Milch
140 g Kristallzucker
40 g Vanillepuddingpulver
2 Dotter
530 g Butter
270 g Kokosfett

FÜLLE & DEKO

eingelegte Weichseln
Weichselsaft
Weichselmarmelade
Läuterzucker
Kirschbrand
dunkle Schokoraspeln

ZUBEREITUNG

- Eier trennen. Ein Drittel vom Zucker mit den Dottern schaumig rühren, restlichen Zucker mit dem Eiklar zu steifem Schnee schlagen. Die beiden Massen vorsichtig vermengen. Mehl, Kakaopulver und Vanillezucker unter die Masse heben.
- Tortenring (Ø 28 cm) mit Backpapier auslegen und die Masse einfüllen. Im vorgeheizten Backrohr (Umluft) bei 180 °C ca. 40 Minuten backen.

- $^3/_4$ l Milch mit dem Zucker aufkochen lassen.
- Restliche Milch mit Puddingpulver und Dottern klumpenfrei verrühren, in die heiße Milch einrühren und noch einmal aufkochen lassen. Vom Herd nehmen. Butter sowie Kokosfett beigeben und auflösen lassen.
- In warmem Zustand mit dem Pürierstab ca. 7 Minuten emulgieren (miteinander vermengen).
- Creme mindestens 24 Stunden im Kühlschrank kalt stellen. Danach mit dem Handmixer aufschlagen.

- Erkaltete Torte zweimal durchschneiden. Den unteren Boden mit einer Mischung aus Weichselsaft, Kirschbrand und Läuterzucker tränken und mit Weichselmarmelade bestreichen.
- Die Creme ca. 1,5 cm dick auftragen und mit Weichseln belegen.
- Den zweiten Tortenboden drauflegen. Vorgang wiederholen. Zum Schluss den dritten Tortenboden auflegen.
- Die Torte mit Creme einstreichen. Mit Schokoraspeln bestreuen und mit einem Dressiersack Rosetten spritzen. Torte mit in Kirschwasser eingelegten Weichseln garnieren.

»BEI UNS IST ES SO, DASS MEISTENS EIN DRITTEL BEI DER HOCHZEIT GEGESSEN WIRD UND ZWEI DRITTEL DANN DEN GÄSTEN MITGEGEBEN ODER AM NÄCHSTEN TAG VORBEIGEBRACHT WERDEN. AUSSERDEM IST ES AUCH BRAUCH, DASS EINGELADENE GÄSTE EINE TORTE MITBRINGEN – BEI MEINER EIGENEN HOCHZEIT HABEN WIR 40 TORTEN GESCHENKT BEKOMMEN!«

ELKE DÜRR

»BEI UNS IN WALLERN SPEZIELL IST ES BRAUCH, DASS JEDE FAMILIE DEM BRAUTPAAR MINDESTENS ZWEI BIS DREI TORTEN UND ZWEI TASSEN MIT KEKSERL MITBRINGT.«

ELISABETH UNGER

Dobostorte

ZUTATEN

TEIG

6 Eier
170 g Kristallzucker
1 Pkg. Vanillezucker
150 g gemischtes Weizenmehl
1 TL Backpulver, gestrichen

KARAMELL

200 g Staubzucker
1 EL Margarine

CREME

200 g Schokolade
250 g Butter
200 g Staubzucker
100 ml Rum (bzw. 1 Fläschchen Rumaroma = 2 ml)

DEKO

12 glasierte Tortenstücke
50 g geschabte Schokolade

ZUBEREITUNG

- Für den Teig Eier mit Kristall- und Vanillezucker schaumig rühren. Mehl mit Backpulver vermischen und der Eimasse unterrühren.
- Aus dem Teig 4–5 dünne Böden backen. Dafür jeweils 3–4 EL Teig in eine mit Backpapier ausgelegte Springform (Ø 24 cm) füllen und im vorgeheizten Backrohr bei 170 °C (Ober-/Unterhitze) ca. 10–15 Minuten backen.

- Für das Karamell Staubzucker sieben und in einer Stielpfanne unter dauerndem Rühren erhitzen, die Margarine hinzufügen und so lange verrühren, bis die Masse goldgelb ist. Die Glasur mit einem befetteten Messer auf einen Tortenboden streichen und diesen sofort mit dem befetteten Messer in 12 Stücke schneiden (sonst wird die Glasur zu hart!).

- Für die Creme die Schokolade erweichen. Zimmerwarme Butter mit Staubzucker schaumig rühren, weiche Schokolade und Rum hinzufügen. Die Tortenböden mit $^2/_3$ der Creme bestreichen und zu einer Torte zusammensetzen. Oben und am Rand ebenfalls mit Creme bestreichen.
- Die restliche Creme in einen Spritzbeutel mit gezackter Tülle füllen. Die Torte in 12 Stücke einteilen und auf jedes Stück eine Cremespirale spritzen.

- Als Deko Tortenseite mit geschabter Schokolade bestreuen. Die Karamellstücke jeweils an eine Cremespirale schräg gesteckt anlehnen, sodass eine fächerartige Garnierung entsteht.

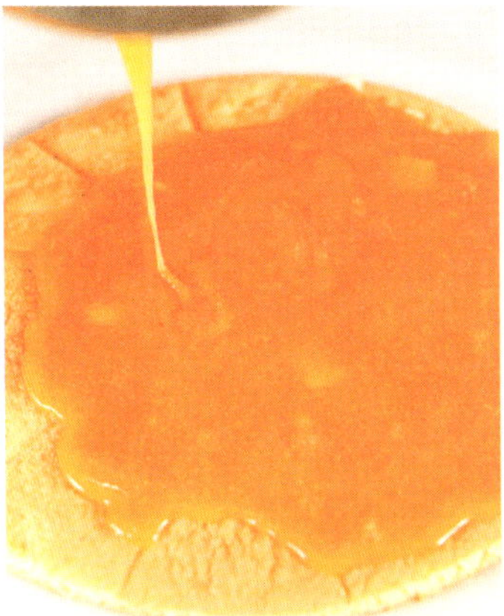

Malakofftorte

ZUTATEN

BISKUITBODEN

2 Eier
40 g Kristallzucker
40 g gesiebtes glattes Bioweizenmehl

BISKOTTEN

4 Eiklar
6 Dotter
135 g Kristallzucker
1 EL Vanillezucker
Abrieb von 1/2 unbehandelten Zitrone
150 g gesiebtes glattes Bioweizenmehl

VANILLECREME

500 ml Milch
1 Pkg. Vanillepuddingpulver
5 Blatt Biogelatine
100 g Kristallzucker
2–3 EL Rum
500 ml Schlagobers

RUMTRÄNKE & DEKO

125 ml Kaffee, stark
60 ml Rum
500 ml Schlagobers
Biskotten und Schokospäne zum Dekorieren

ZUBEREITUNG

- Für den Biskuitboden Eier trennen, Eiklar mit Kristallzucker aufschlagen und Dotter hinzugeben. Mehl unterheben und anschließend Biskuitmasse in eine mit Backpapier ausgelegte Tortenform (Ø 24 cm) füllen. Im vorgeheizten Backrohr bei 200 °C (Ober-/Unterhitze) 15 Minuten backen. Auskühlen lassen.

- Für die Biskotten Eiklar mit 75 g Kristallzucker steif schlagen. Dotter mit restlichem Zucker, Vanillezucker und Zitronenschale schaumig rühren. Eischnee und gesiebtes Mehl vorsichtig unterheben. Masse in einen Dressiersack mit 10-cm-Tülle füllen und auf ein mit Backpapier ausgelegtes Blech Biskotten aufdressieren (ca. 80 Stück). Im vorgeheizten Backrohr bei 200 °C (Ober-/Unterhitze) ca. 15 Minuten backen. Auskühlen lassen.

- Für die Vanillecreme etwas Milch mit Puddingpulver verrühren. Gelatine in kaltem Wasser einweichen. Die restliche Milch aufkochen lassen und das Puddinggemisch einrühren. Etwa eine Minute köcheln lassen. In einer Schüssel Kristallzucker und Rum vorbereiten, heiße Puddingmilch dazugeben und Zucker auflösen. Gelatine ausdrücken und in die warme Masse einrühren. Unter mehrmaligem Umrühren auskühlen lassen. Schlagobers steif schlagen und in die erkaltete Vanillecreme einrühren.

- Aus Kaffee und Rum eine Rumtränke zubereiten. Den Biskuitboden in eine mit Backpapier ausgelegte Tortenform legen. Etwas Puddingcreme einfüllen, danach abwechselnd getränkte Biskotten hineinlegen und Creme aufstreichen. Mit Creme abschließen.
- Torte ca. 1 Stunde im Kühlschrank erkalten lassen. Schlagobers steif schlagen, Tortenreifen entfernen und Torte mit Obers einstreichen. Mit Schokospänen und getunkten Biskotten dekorieren.

MARIA HORVATH

»MEIN VATER WAR VON BERUF BÄCKERMEISTER … ER HAT MICH VON KLEIN AUF ANGESPORNT, IMMER MEIN BESTES ZU GEBEN UND MIT LEIDENSCHAFT ZU ARBEITEN.«

MARIA HORVATH

Trüffeltorte

ZUTATEN

TEIG

10 Eier
240 g Kristallzucker
120 g weiche Schokolade
240 g geriebene Nüsse
80 g griffiges Weizenmehl
Butter und Mehl für die Form

SCHOKOCREME

2 1/2 Becher Schlagobers (à 250 ml)
500 g Vollmilchkuvertüre/Schokolade

DEKO

Vollmilchkuvertüre (zum Bestreuen)
Schokoblättchen

ZUBEREITUNG

- Für den Teig Eier trennen. Eiklar mit Zucker schaumig rühren, Dotter dazugeben, dann die über Wasserbad erweichte Schokolade und die Nüsse unterrühren. Zuletzt das Mehl unterheben.
- In einer gefetteten und bemehlten Tortenform 45 Minuten bei 175 °C (Heißluft) backen.

- Für die Schokocreme alle Zutaten aufkochen, gut verrühren und mind. 12 Stunden kalt stellen.

- Die erkaltete Torte zweimal durchschneiden.
- Creme mit dem Handmixer aufrühren und etwas davon in einen Spritzsack mit einer Sterntülle füllen.
- Die Torte zweimal füllen, rundherum bestreichen und mit gehobelter Vollmilchkuvertüre bestreuen.
- Torte mit 12 Cremetupfern verzieren. Aus der Creme Kugeln formen, in Schokoblättchen wälzen und ebenfalls zum Verzieren verwenden.

Müslitorte

ZUTATEN

TEIG

6 Eier
200 g Staubzucker
70 g Brösel
1 EL Rum
200 g geriebene Walnüsse
1 Rippe Kochschokolade, gerieben
1 MS Backpulver

CREME

1 Apfel
500 ml Naturjoghurt
160 g Früchtemüsli
4 EL Honig
Saft einer Orange
250 ml Schlagobers
4 Blatt Gelatine
etwas Rum

DEKO

250 ml Schlagobers
50 g Schokostreusel
50 g Schokokuvertüre
Cocktailkirschen

ZUBEREITUNG

- Für den Teig Eier trennen. Dotter und Zucker schaumig rühren. Dann Brösel mit Rum befeuchten und der Masse gemeinsam mit Nüssen, Schokolade und Backpulver unterheben. Anschließend Eiklar zu einem steifen Schnee schlagen und vorsichtig unterheben.
- Masse in eine Springform (Ø 26 cm) füllen und im vorgeheizten Backrohr bei 170 °C (Ober-/Unterhitze) ca. 30 Minuten backen. Auskühlen lassen.

- Für die Creme Apfel waschen und würfelig schneiden. Joghurt, Früchtemüsli, Honig, Apfelstücke und Orangensaft vermengen und ca. 15 Minuten ziehen lassen. Schlagobers steif schlagen und unterheben. Gelatine in kaltem Wasser einweichen, ausdrücken, mit Rum auflösen und in die Müslimasse einrühren.

- Für die Deko Tortenboden mit einem Tortenring fixieren und die Müslimasse einfüllen. Über Nacht kalt stellen.
- Am nächsten Tag Seiten mit aufgeschlagenem Schlagobers bestreichen und mit Schokostreuseln bestreuen. Oberseite mit geschmolzener Schokokuvertüre verzieren und mit einem Spritzsack in regelmäßigen Abständen Schlagobershäubchen dressieren.
- Abschließend Cocktailkirschen aufsetzen.

ANDREA DEUTSCH

»DAS ›TORTENSCHAUEN‹ IST SEHR BEKANNT HIER IM SEEWINKEL: DA BRINGT MAN DIE TORTE AM VORTAG DER HOCHZEIT ZUR BRAUT NACH HAUSE UND WIRD MIT KAFFEE UND KUCHEN VERKÖSTIGT.«

MARIA BAUER

»GERADE BEIM KROATISCHEN TEIL DER BEVÖLKERUNG IN UNSERER GEGEND IST ES SO, DASS ÜPPIG AUFGETISCHT UND ORDENTLICH GEFEIERT WIRD.«

GABRIELE NOVAK

Mohn-Topfen-Torte

ZUTATEN

MOHNMASSE

4 Eier
100 g Butter
90 g Staubzucker
1 TL Vanillezucker
1 Prise Salz
1 MS Zimt
90 g Kristallzucker
150 g gemahlener Mohn
70 g geriebene Haselnüsse
1/2 Pkg. Backpulver

TOPFENFÜLLE

500 g Topfen
200 g Staubzucker
1 Pkg. Vanillezucker
Saft einer Zitrone
Abrieb von 1/2 unbehandelten Zitrone
8 Blatt Gelatine
750 ml Schlagobers

HIMBEERGLASUR

2 EL Kristallzucker
300 g Himbeeren
Saft einer 1/2 Zitrone
3 Blatt Gelatine

ZUBEREITUNG

- Für die Mohnmasse Eier trennen. Butter (Zimmertemperatur), Staubzucker, Dotter, Vanillezucker, Salz und Zimt schaumig rühren. Mohn, Haselnüsse und Backpulver dazurühren. Eiklar mit Kristallzucker zu Schnee schlagen und vorsichtig unterheben. Masse in eine Springform (Ø 26 cm) füllen und im vorgeheizten Backrohr bei 175 °C (Ober-/ Unterhitze) ca. 30 Minuten backen.

- Für die Topfenmasse Topfen mit Staub- und Vanillezucker sowie Saft und Schale der Zitrone glatt rühren. Gelatine in kaltem Wasser einweichen und auflösen. Schlagobers schlagen. Aufgelöste Gelatine zur Topfenmasse hinzufügen und das steif geschlagene Obers unterheben.
- Topfenmasse auf den Mohnboden streichen und 2 Stunden kühl stellen.

- Für die Himbeerglasur Himbeeren pürieren (und evtl. durch ein Sieb passieren). Kristallzucker unter die Himbeeren rühren und Zitronensaft dazugeben. Gelatine in kaltem Wasser einweichen, auflösen und unterrühren.
- Torte noch in der Springform mit der Himbeermasse begießen und diese stocken lassen. Dann die Torte vorsichtig aus der Form lösen.

»MIR GEFÄLLT ES, WENN DIE LEUTE SAGEN: ›SCHAUT SUPER AUS‹, BEVOR SIE ES NOCH GEKOSTET HABEN. DAS IST TOLL.«
PETRA BRANTWEINER

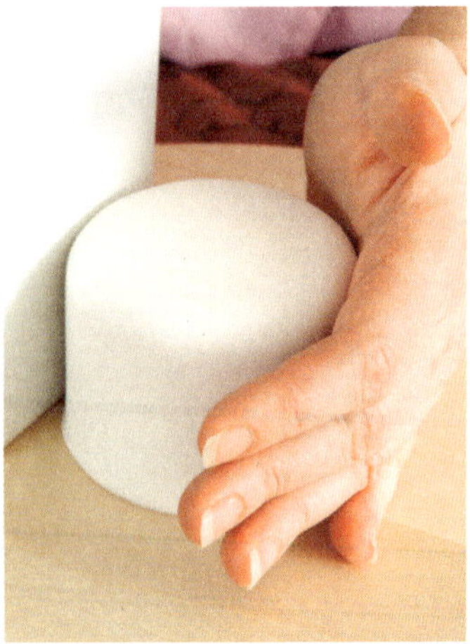

Mini-Mohntorte mit Zimt-Frischkäse-Creme

ZUTATEN

MOHNBISKUIT

12 Eier
300 g Butter
200 g Staubzucker
2 TL Vanillezucker
2 MS Zimt
4 EL Rum (nach Geschmack)
100 g Kristallzucker
1 Prise Salz
300 g gemahlener Mohn

ZIMT-FRISCHKÄSE-CREME

250 g Butter
250 g Staubzucker
1 TL Zimt
80 g Frischkäse, Doppelrahmstufe

FÜLLE & DEKO

Zwetschken-/Ribiselmarmelade
Rollfondant
weihnachtliche Lebensmittelfarbe
Motiv-Deko (Schneeflocken, Stechpalmenblätter etc.)

ZUBEREITUNG

- Für das Mohnbiskuit Eier trennen. Zimmerwarme Butter, gesiebten Staub- und Vanillezucker schaumig rühren, laufend Zimt und Rum hinzufügen und weiterrühren. Dotter einzeln unterrühren (ca. 1 Minute pro Dotter).
- Eiklar mit Kristallzucker und Salz zu steifem Schnee schlagen. Eischnee abwechselnd mit dem Mohn unter die Dottermasse heben.
- Jeweils ein Viertel des Teiges in eine eingefettete, mit Mehl bestäubte Springform (Ø 15 cm) füllen. Im vorgeheizten Backrohr bei 180 °C (Ober-/Unterhitze) ca. 15 Minuten backen (d. h. insgesamt vier Biskuitböden). Auskühlen lassen.

- Für die Creme zimmerwarme Butter, gesiebten Staubzucker und Zimt schaumig schlagen. Den zuvor glatt gerührten Frischkäse portionsweise hinzufügen und bei niedriger Stufe mixen, bis alles vermengt ist.

- Den ersten Biskuitboden mit Creme bestreichen, den zweiten Boden darauflegen und mit Marmelade bestreichen. Dritten Boden darauflegen, wiederum mit der Creme bestreichen, mit dem vierten Biskuitboden abschließen. Für ca. 1 Stunde kühlen.
- Anschließend Torte außen mit der restlichen Creme einstreichen. Nochmals mindestens 30 Minuten kühl stellen.

- Rollfondant auswalken und Torte damit eindecken. Nach Belieben mit essbarer metallischer Lebensmittelfarbe bemalen. Zum Schluss mit weihnachtlicher Motiv-Deko verzieren.

SNEZANA MAHR

Heartcake

ZUTATEN

BISKUIT

12 Eier
120 g Staubzucker
240 g Kristallzucker
1 TL Vanillezucker
1 TL Zitronensaft
270 g glattes Weizenmehl

CREME

500 g Mascarpone
2 Pkg. Sahnesteif
3 TL Abrieb einer unbehandelten Zitrone
etwas rote Lebensmittelfarbe
3 TL Himbeermarmelade
500 g Topfen
100 g Puderzucker zum Abschmecken

DEKO

Himbeeren
Blumen (z. B. Gerbera in passender Farbe)
5–6 Mürbteigherzen (siehe Mürbteigrezept S. 38)
Zuckerperlen
Staubzucker zum Bestreuen

ZUBEREITUNG

- Für das Biskuit Eier trennen. Dotter mit Staubzucker schaumig schlagen, anschließend Eiklar mit Kristallzucker zu einem cremigen Schnee schlagen. Die beiden Massen verbinden, dann Aromen und Mehl vorsichtig unterheben.
- Biskuitmasse auf zwei mit Backpapier belegte Backbleche dünn aufstreichen und im vorgeheizten Backrohr bei 190 °C (Heißluft) ca. 15 Minuten goldbraun backen. Vom Blech nehmen und vollständig (ca. 15 Minuten) abkühlen lassen.

- Für die Creme Mascarpone mit Sahnesteif, Zitronenabrieb, Lebensmittelfarbe und Marmelade cremig rühren. Topfen abtropfen lassen und kurz unterrühren, dann mit Puderzucker abschmecken.
- Creme in einen Spritzbeutel mit mittelgroßer Lochtülle (13 mm) füllen und etwa 20 Minuten kühlen.

- Aus dem Biskuit mit der größeren Herzform jeweils ein Herz ausstechen, anschließend mit der kleineren Form in der Mitte ein kleines Herz entnehmen. Auf eine flache Platte setzen, mit der Creme an den Rändern entlang Spitzen aufdressieren und dann die Lücken innen auffüllen. Zweites Biskuit aufsetzen und vorsichtig andrücken. Restliche Creme aufdressieren, dann nach Belieben dekorieren.

Charlotte

ZUTATEN

LÖFFELBISKUIT

6 Eier
6 EL Kristallzucker
1 Pkg. Vanillezucker
6 EL Weizenmehl (Universal)
1 MS Backpulver
Erdbeermarmelade

CREME

500 ml Schlagobers
500 ml Joghurt
100 g Staubzucker
1 Pkg. Vanillezucker
12 Blatt Gelatine
Erdbeeren
(bzw. Obst nach Saison)

ZUBEREITUNG

- Für das Löffelbiskuit Eier mit Kristall- und Vanillezucker sehr schaumig schlagen (die Masse muss ganz langsam vom Schneebesen hinuntergleiten), anschließend das Mehl mit dem versiebten Backpulver unterheben.
- Teig auf ein mit Backpapier ausgelegtes Backblech aufstreichen und im vorgeheizten Rohr bei 200 °C (Ober-/Unterhitze) ca. 12 Minuten backen. Vorsichtig vom Papier lösen, mit Erdbeermarmelade bestreichen und einrollen, auskühlen lassen.

- Für die Creme Schlagobers steif schlagen. Joghurt mit Staub- und Vanillezucker verrühren. Die Gelatine auflösen, in das Joghurt einrühren und alles unter das Schlagobers heben. Erdbeeren waschen, schneiden und einrühren.

- Die Biskuitroulade in dünne Scheiben schneiden, eine mit Klarsichtfolie ausgelegte Schüssel (ca. 20 cm Ø) mit den Rouladenstücken auslegen. Die Erdbeercreme dazugeben und mit Rouladenstücken abschließen.
- Am besten über Nacht im Kühlschrank kalt stellen, dann vorsichtig auf einen Teller stürzen.

Das Biskuit lässt sich besser einrollen, wenn man ein trockenes Geschirrtuch darunter- und oben ein feuchtes darauflegt. Das Biskuit auf das feuchte Tuch stürzen, mit Marmelade bestreichen und einrollen.

»BEI UNS IN STOOB WAR ES TRADITION, DASS DIE LEUTE SELBER GEBACKEN HABEN BEI IHRER HOCHZEIT – UND AUCH ICH HAB BEI MEINER EIGENEN HOCHZEIT DAMALS MITGEBACKEN.«

SUSANNE KUTSCHI

»WIR WOLLEN AUCH SO KLEIN BLEIBEN UND NICHT WACHSEN, WEIL MAN SONST DIE HANDGEMACHTE QUALITÄT NICHT HALTEN KANN.«

MARIA BRAUN

»MEINE MAMA UND ICH VERSTEHEN UNS BLIND BEIM BACKEN – WIR SIND EINFACH PERFEKT AUFEINANDER EINGESPIELT.«

TAMARA GANSTER

MARIA BAUER

Die Hochzeitsbäckerinnen

Alle Bäckerinnen mit Kontaktdaten auf einen Blick – eine süße Reise durch das Burgenland.

NEUSIEDL AM SEE

Maria Bauer – Seecafé Podersdorf
Steinbruch 1 /35a, 7141 Podersdorf am See
Tel.: 0699 10756122
E-Mail: maria.podersdorf@gmx.at
www.seecafe-podersdorf.at

Rezepte: Schoko-Birnen-Kuchen, Rhabarberkuchen

Tamara & Aldona Ganster
Wienerstraße 13, 7131 Halbturn
Tel.: 0699 10424774

Rezepte: Ungarische Nusskrapferl, Gespritzte Kipferl

Andrea Deutsch – Die Krapferlstub'n
Feldgasse 2, 7151 Wallern
Tel.: 0699 10540739
E-Mail: diekrapferlstubn@gmx.at
www.facebook.com/DieKrapferlstubn/

Rezepte: G'radelte Krapfen, Müslitorte

Judith Kandelsdorfer – ByJu
Edelgrund 12, 7141 Podersdorf am See
Tel.: 0699 12128966
E-Mail: kandelsdorfer.judith@gmx.at
www.byju.at

Rezepte: Schmerkrapferl, Gefüllte Lebkuchen

Elke Dürr – Elke's Kreativ & Genuss Backstube
Berggasse 1a, 2424 Zurndorf
Tel.: 0664 3858481
E-Mail: elke.duerr@gmx.at
www.elkes-genuss-backstube.at/

Rezepte: Obstschüsserl, Schoko-Mandel-Roulade

Maria Knöbl
Frauenkirchnerstraße 22, 7131 Halbturn

Rezepte: Linzer Augen, Pariser Spitz

Roswitha Kolby – Kolby-Keks
Kreuzgasse 8, 7123 Mönchhof
Tel.: 0650 4117151

Rezepte: Kürbiskernkekse, Weinkrapferl

Maria Kummer – Krapferl & Kuchen
Friedhofgasse 23, 7123 Mönchhof
Tel.: 0664 73501490
E-Mail: sonnenhof-51@aon.at
www.krapferl-und-kuchen.at

Rezepte: Feigenkrapferl, Früchtebrot

Snezana Mahr – KuchenBoutique
Bergäckersiedlung 4, 7100 Neusiedl am See
Tel.: 0699 13530035
E-Mail: info@kuchenboutique.at
www.kuchenboutique.at

Rezepte: Mini-Mohntorte mit Zimt-Frischkäse-Creme, Schmalzkipferl

Barbara Maurovits
Blaue-Kreuz-Gasse 1, 2421 Kittsee
Tel.: 0660 4710239
E-Mail: barbara.maurovits@gmail.com
www.facebook.com/barbara.maurovits

Rezepte: Stefanieschnitten, Mohnbeugel

Karin Preiner
Sportplatzgasse 13, 7143 Apetlon
Tel.: 0699 19742203
E-Mail: preiner.karin@wellcome.at

Rezepte: Zitronenröllchen, Donauwellen

Daniela Schneider
Budapesterstraße 23, 7131 Halbturn
Tel.: 0699 10765694
E-Mail: daniela.schneider07@gmail.com

Rezepte: Tokajerkipferl, Burgenländische Balasn

Christine Thell – Backreigen
Quergasse 4, 7143 Apetlon
Tel.: 02175 2216
E-Mail: christine-thell@bnet.at
www.backreigen.at

Rezepte: Süßer Grammelstrudel, Topfen-Streusel-Schnitten, Mohnaugen, Marzipanstangerl

Elisabeth Unger – Naturbackstube
Pamhagener Straße 35, 7151 Wallern
Tel.: 02174 26071
E-Mail: elisabeth@naturbackstube.com
www.naturbackstube.com

Rezepte: Haustorte, Seewinkler Torte

ROSWITHA KOLBY

MARIA KUMMER

SNEZANA MAHR

BARBARA
MAUROVITS

CHRISTINE THELL

JULIA KREMSNER

MICHAELA GERSTL

»GEBACKEN HAB ICH SCHON FÜR KUNDEN IN BELGIEN, DEUTSCHLAND, DER SCHWEIZ, MALTA, SOGAR IN AMERIKA.«
ANDREA GRABNER

»MANCHMAL SITZT MAN MIT KUNDEN DANN AUCH NOCH NACH DEM BESTELLEN ODER ABHOLEN GEMÜTLICH ZUSAMMEN. SO SIND SOGAR SCHON GUTE BEKANNTSCHAFTEN ENTSTANDEN.«

MARGIT MILALKOVITS

KARIN LANZ

EISENSTADT-UMGEBUNG

Michaela Gerstl – Zuckerfee
Birkenweg 4, 7011 Siegendorf
Tel.: 0664 88554685
E-Mail: info@zucker-fee.at
www.zucker-fee.at

Rezepte: Schneeballerl, Esterházyeckerl

Margit Milalkovits – Margits Mehlspeisstüberl
Bauerngasse 7, 7035 Steinbrunn
Tel.: 02688 73333
www.margitsmehlspeisen.com

Rezepte: Schwarzwälder Kirschtorte, Birne-Maraschino-Schnitten

Gabriele Novak – Gabi's bunte Tortenwelt
Dr. Ludwig Leser-Gasse 37, 7011 Siegendorf
Tel.: 0650 8550016
E-Mail: gabi.novak@gmx.at
www.facebook.com/gabisbuntetortenwelt

Rezepte: Mohnblume, Frucht-Schokokuss-Schnitten

Andrea Plohovits – Süße Manufaktur
Dr. Karl Rennerstraße 5, 7035 Steinbrunn
Tel.: 0676 6735212
E-Mail: suesse-manufaktur@gmx.at
www. suesse-manufaktur.at

Rezepte: Marzipan-Orangen-Nougat, Winterpralinen

»AN WEIHNACHTEN HAB ICH IMMER MIT MEINER MUTTER EINEN KUCHEN UND KEKSE GEBACKEN. SO BIN ICH AUCH ZU DIESEM BERUF GEKOMMEN. DER GERUCH VON ZIMT – HERRLICH!«
DANIELA WIMPASSINGER

Daniela Wimpassinger – Daniela's Konditorei
Brunnenweg 14,
7083 Purbach am Neusiedler See
Tel.: 0660 3405903
E-Mail: backen@danielas-konditorei.at
www.danielas-konditorei.at

Rezepte: Kaffeekrapferl, Kokoskugeln

MATTERSBURG

Andrea Grabner – Tante Dea Kekse.Voll.Wert
Andreasweg 2, 7022 Schattendorf
Tel.: 0650 2504811
E-Mail: tantedea@bnet.at
www.tantedea.at

Rezepte: Topfenkuchen, Zucchinikuchen

Julia Kremsner – Julia's Backstube
Blumengasse 20, 7023 Stöttera
Tel.: 0660 4781515
E-Mail: julia.kremsner@gmx.at
www.julias-backstube.at

Rezepte: Nusstaler, Punschringerl

Karin Lanz – die Wunschbäckerei
Schölderl 8, 2803 Schwarzenbach
Tel.: 0664 5426845
E-Mail: diewunschbaeckerei@gmx.at
www.diewunschbaeckerei.at

Rezepte: Heartcake, Himbeermonde, Brandteigschwäne, Kürbiskernstangerl

MARIA HORVATH

OBERPULLENDORF

Maria Hedi Braun – Braun Mehlspeisen
7332 Kobersdorf
Frau Braun ist leider als Hochzeitsbäckerin nicht mehr aktiv.

Rezepte: Weißer Traum, Trüffeltorte

Maria Horvath – Café Restaurant Konditorei Pur
Landsee 162, 7341 Landsee/Markt St. Martin
Tel.: 0676 4000505
E-Mail: genuss@pur-landsee.at
www.pur-landsee.at

Rezepte: Orangenschnitten, Malakofftorte

Christl Huber – Christls Bäckerei
Lange Zeile 42, 7311 Neckenmarkt
Tel.: 0664 4553265
E-Mail: christine.huber@kabelplus.at
www.facebook.com/Christlbaeckerei

Rezepte: Nilpferde, Punschkrapferl

Susanne Theresia Kutschi
Ponhut 2, 7344 Stoob
Tel.: 0664 8248805
E-Mail: susi.k65@gmail.com

Rezepte: Charlotte, Katharinengugelhupf

OBERWART

Aloisia Bischof – Aloisia's Mehlspeiskuchl & Kaffeestub'n
Untere Dorfstraße 29, 7512 Badersdorf
Tel.: 03366 773 69
E-Mail: office@aloisia.at
www.aloisia.at

Rezepte: Schaumrollen, Hochzeitsstrudel

Karin Losert – Karins Mehlspeisküche
Unterwaldbauern 141, 7423 Grafenschachen
Tel.: 0664 3831172
E-Mail: karins.mehlspeiskueche@gmx.at

Rezepte: Szalagari (Hirschhornschnitten), Dobostorte

GÜSSING

Andrea Salmhofer – Andrea's Mehlspeisträume
Wehrweggasse 6, 7574 Neudauberg
Tel.: 0664 1946742
E-Mail: andreas.mehlspeistraeume@gmx.at
www.mehlspeistraeume.at

Rezepte: Brioche-Früchte-Zopf, Pistazienkekse

Silvia Kurta-Stipsits
Gaas Weinberg 130, 7521 Eberau
Tel.: 0664 2329382
E-Mail: stipsits.silvia@aon.at

Rezepte: Uhudler-Rehrücken, Burgenländischer Gugelhupf, Polsterzipf, Apfelstrudelbusserl

JENNERSDORF

Petra Brantweiner – Petra's Himmlische Torten, Kekse & Co
Akazienweg 17, 7561 Poppendorf
Tel.: 0664 5649479
E-Mail: petra.brantweiner@gmail.com
www.facebook.com/PetraBrantweiner/

Rezepte: Himmlische Schnitten, Mohn-Topfen-Torte

ANDREA SALMHOFER

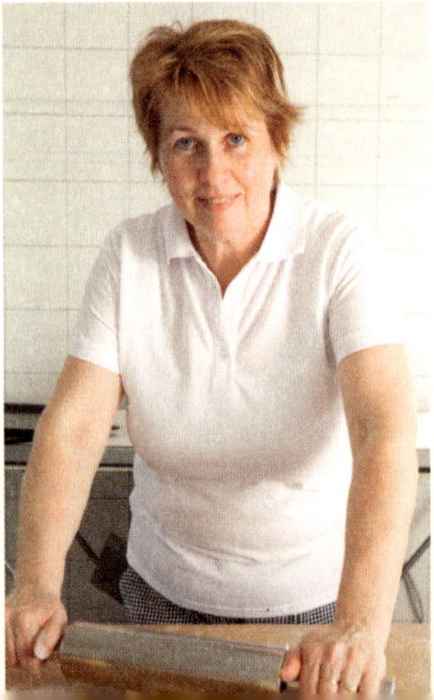

»IN LETZTER ZEIT KOMMEN AUCH IMMER MEHR JUNGE, DIE SAGEN: ›DAS SCHMECKT WIE BEI DER OMA, DAS WOLLEN WIR HABEN.‹«

KARIN LOSERT

SILVIA KURTA-STIPSITS

PETRA BRANTWEINER

Mehl
3

Kleines Backstubenwörterbuch

Einige Backbegriffe in diesem Buch gibt es nur in Österreich. Die wichtigsten Backbegriffe finden Sie hier darum »übersetzt« – als Service für unsere Leserinnen und Leser aus Deutschland und der deutschsprachigen Schweiz.

auswalken	ausrollen
Backrohr	Backofen
Beugel	Strudel (aus Hefeteig)
Brösel	Panier-, Semmelmehl
Dotter	Eigelb
Eiklar	Eiweiß
Germ	Hefe
Gugelhupf	Napfkuchen (oft aus Hefeteig)
Heidelbeere	Blaubeere
Kastanie	Marone
Keks(e), Krapferl	Plätzchen
Kipferl	Hörnchen bzw. Gipfel
Kochschokolade	dunkle Schokolade, Kuvertüre
Kokosette	Kokosraspeln
Maizena	Mondamin/ Speisestärke
Marille	Aprikose
Maroni	Esskastanie, Marone
Mehlspeise	Sammelbegriff für süße Speisen, die Mehl enthalten
Nockerl	Nocke, Spätzle, Klößchen
Obers/Schlagobers	Sahne
Powidl	Zwetschkenmus
Qimiq	Sahneersatz (fettarm)
rasten lassen	ruhen lassen
Ribisel	Rote Johannisbeere
Rosine	getrocknete Weinbeere
sämig	dickflüssig, cremig
Sauerrahm/Rahm	saure Sahne, Schmand
Schmalz	ausgelassenes Tierfett (vor allem vom Schwein)
Schnee	Eierschaum
Semmelbrösel/Brösel	Paniermehl
Stanitzel	spitz zulaufende Tüte
Staubzucker	Puderzucker
Striezel	geflochtenes Hefegebäck
Topfen	Quark
Weichsel	Sauerkirsche bzw. Schattenmorelle
Zwetschke	Zwetschge, kleine Pflaume

Gängige Abkürzungen, die wir in diesem Buch verwenden:

EL	Esslöffel
MS	Messerspitze
Pkg.	Packung
TL	Teelöffel

Register

A

Apfelstrudelbusserl 48

B

Birne-Maraschino-Schnitten 126
Brandteigschwäne 87
Brioche-Früchte-Zopf 136
Burgenländische Balasn 60
Burgenländischer Gugelhupf 100

C

Charlotte 172

D

Dobostorte 156
Donauwellen 77

E

Esterházyeckerl 121

F

Feigenkrapferl 21
Früchtebrot 56
Frucht-Schokokuss-Schnitten 132

G

Gefüllte Lebkuchen 88
Gespritzte Kipferl 31
G'radelte Krapfen 63

H

Haustorte 151
Heartcake 170
Himbeermonde 47
Himmlische Schnitten 130
Hochzeitsstrudel 138

I

Kaffeekrapferl 27
Katharinengugelhupf 102
Kokoskugeln 92
Kürbiskernkekse 37
Kürbiskernstangerl 38

L

Linzer Augen 42

M

Malakofftorte 158
Marzipan-Orangen-Nougat 95
Marzipanstangerl 40
Mini-Mohntorte
mit Zimt-Frischkäse-Creme 169
Mohnaugen 51
Mohnbeugel 144
Mohnblume 143
Mohn-Topfen-Torte 166
Müslitorte 162

N

Nilpferde 74
Nusstaler 44

O

Obstschüsserl 80
Orangenschnitten 118

P

Pariser Spitz 79
Pistazienkekse 35
Polsterzipf 68
Punschkrapferl 70
Punschringerl 52

R

Rhabarberkuchen 110

S

Schaumrollen 65
Schmalzkipferl 67
Schmerkrapferl 22
Schneeballerl 54
Schoko-Birnen-Kuchen 108
Schoko-Mandel-Roulade 112
Schwarzwälder Kirschtorte 152
Seewinkler Torte 149
Stefanieschnitten 128
Süßer Grammelstrudel 140
Szalagari (Hirschhornschnitten) 122

T

Tokajerkipferl 28
Topfenkuchen 104
Topfen-Streusel-Schnitten 124
Trüffeltorte 160

U

Uhudler-Rehrücken 116
Ungarische Nusskipferl 18

W

Weinkrapferl 17
Weißer Traum 83
Winterpralinen 96

Z

Zitronenröllchen 84
Zucchinikuchen 106

»ICH BACKE HAUPTSÄCHLICH FÜR HOCHZEITEN, FAMILIENFEIERN – ALSO GEBURTSTAGE, TAUFEN, ERSTKOMMUNION, FIRMUNG – UND NATÜRLICH FÜR WEIHNACHTEN.«

MARIA HORVATH

Dankeschön!

Unser herzlicher Dank geht an alle, die zu diesem Buch beigetragen haben – zuallererst natürlich an die Bäckerinnen für ihre Mitarbeit und auch die süßen Momente, die sie uns beschert haben.

Bernhard Wieser schreibt als Texter und Konzeptionist im con:gas kreativteam über alles, was ihn begeistert – und besonders gern über die irdischen Genüsse. Für unsere Bestseller ist er gemeinsam mit Michael Rathmayer immer wieder durch das Burgenland gereist, um mit Bäckerinnen zu plaudern, in Backstuben zu blicken und zu naschen.
www.con-gas.at

© Franz Ebner

Michael Rathmayer hatte die geniale Idee, die Backkunst der Burgenländischen Hochzeitsbäckerinnen in Bild und Text zu verewigen. Als Fotograf ist er bereits seit 1990 in den Bereichen Food, Still-Life und Fotokunst für Auftraggeber im ganzen EU-Raum tätig, um Leben und Lebensmittel von ihrer schönsten Seite zu zeigen.
www.rathmayer.at

© Christine Häusler

Im **Pichler Verlag** erschienen von den beiden bereits drei erfolgreiche Bücher über die süße Backkunst aus dem Burgenland: »Burgenländische Hochzeitsbäckerinnen« (2015), »Weihnachten mit den Burgenländischen Hochzeitsbäckerinnen« (2016) sowie »Kuchen & Torten von den Burgenländischen Hochzeitsbäckerinnen« (2017).

Die beliebtesten Krapferl und Kuchen, Schnitten und Torten aus diesen Büchern wurden für dieses Buch gemeinsam mit neuen Rezepten zu einem »Best of« zusammengestellt.

Hat Ihnen dieses Buch gefallen? Dann freuen wir uns über Ihre Weiterempfehlung. Erzählen Sie davon im Freundeskreis, berichten Sie Ihrem Buchhändler oder bewerten Sie beim Onlinekauf.

Wünschen Sie weitere Informationen zum Thema? Wir freuen uns auf Austausch und Anregung unter leserstimme@styriabooks.at

Inspiration, Geschenkideen und gute Geschichten finden Sie auf www.styriabooks.at

Pichler

STYRIA
BUCHVERLAGE

ISBN 978-3-222-14040-2

Bücher aus der Verlagsgruppe Styria gibt es in jeder Buchhandlung und im Online-Shop www.styriabooks.at

Fotos inkl. Cover: Michael Rathmayer
Buch- und Covergestaltung: Stefanie Muther, extraplan.at

Druck und Bindung: Finidr
7 6 5 4 3 2 1
Printed in the EU